Bernard Cerquiglini

Parlez-vous TRONQUÉ ?

Portrait du français d'aujourd'hui

LAROUSSE
21, rue du Montparnasse 75283 Paris Cedex 06

Direction de la publication
Carine Girac-Marinier

Édition
Laurent Girerd

Direction artistique
Ulrike Meindl

Informatique éditoriale et composition
Aurélie Prissette

Lecture-correction
Élisabeth Le Saux

Fabrication
Marlène Delbeken

ISBN : 978-2-03-595781-8

Sommaire

- Introduction 9
- L'art de faire court 11
- L'époque est à l'*apoc* 31
- Tronquer, de l'oral à l'écrit 57
- Grammaire de la troncation 89
- Les *meufs* des *keufs* font la *teuf*, ou le retour du verlan 125
- L'universelle troncation 149
- Annexes 163
  - – Récrire Queneau 164
  - – Soluces des exos 167
  - – Bibliographie 170

« Cette année est aussi pour les mots celle de la minijupe. »

Aragon, *Blanche ou l'Oubli*.

Introduction

Cet ouvrage résulte d'une stupeur. Alors que, recteur de l'Agence universitaire de la francophonie, de passage à Tunis, je venais m'entretenir avec l'ambassadeur de France et attendais dans son antichambre, le premier conseiller, qu'alarmait cette attente, vint me dire avec tact : « L'*ambass* va vous recevoir dans quelques brèves minutes. » La fine fleur de la diplomatie française, aux mœurs policées et courtoises, parlait comme le 9-3 ! Les *diplos* rejoignaient les *ados*. Je n'étais pas au bout de mes surprises : après la jeune garde diplomatique, la haute fonction publique dans son ensemble se mit à parler de *dir cab*, de *copil*, de *conf budg* : il convenait de s'y initier. Je me mis à collectionner ces abrègements, que je relevais en entreprise, chez les policiers, dans l'audiovisuel, parmi les collégiens, dans la bouche des adolescents, au cœur des cités. Partout. Chez les *bourges* lecteurs du *Fig' Mag'*, comme chez les *loubs* zonant dans les *tieks*, on raccourcissait les mots. Un jour, j'entendis dans une bouche de neuf ans : « c'est ton *mèt'*, cette *collec'* de mots coupés ? » : je tenais mon livre.

L'historien de la langue, oulipien dans le civil, se délectait des *perquises* et des *gardaves* opérées par les *keufs*, des *assoc* dévouées aux *cas soc'*, des « *askip, c'est nimp ! sans dec* » des *ados*, des *meufs* qui, dans les cités, devenaient soudain des *feums* ; mais le linguiste flairait un phénomène d'importance. D'une part, la langue commune semblait atteinte : le *prof* de *fac* un peu *bourge*, genre *cadre sup* en *nœud pap*, se prenait à rêver d'un *appart* à *Sèvres-Bab*, avec poutres *app* et *clim*. Je constatais d'autre part que, des procédés qu'emploie le français dans la troncation (abrègement d'un terme par suppression de son initiale ou de sa finale), l'un devenait non seulement majoritaire, mais régulier et qu'il gouvernait la néologie (création de mots) : les *amphètes* remplaçaient les *amphés*, le *max* succédait au *maxi*, le *prol* au *prolo* ; une norme d'abrègement s'imposait. Cette norme dessinait le profil de néologismes brefs, s'achevant sur une consonne prononcée. J'en déduisais que le français s'abrégeait sous nos yeux, adoptant un gabarit qui s'expliquait dès lors qu'on le replaçait dans l'histoire de la langue. Ma cueillette récréative devenait une chasse au trésor...

L'ampleur, la variété, la régularité de la troncation française contemporaine invitent, non pas à en dresser le dictionnaire, mais à en rédiger la grammaire. Il ne s'agit pas d'établir une liste, transitoire et faiblement pédagogique ; il convient de montrer à l'œuvre un processus, dont on peut apprendre les règles et auquel on peut s'exercer. C'est pourquoi le présent ouvrage est un manuel.

Que la lectrice ou le lecteur de ce *Portrait du français d'aujourd'hui* s'arme de patience et de bonne volonté. L'exposé sera parfois technique, mais il sera toujours clair ; abondamment illustré d'exemples, il s'accompagnera d'exercices. En récompense : une vue d'ensemble historique et méthodique, la description pratique, l'explication raisonnée d'un phénomène majeur du parler contemporain, qui se révélera, pour finir, une étape déterminante de l'histoire millénaire du français.

On ne dira jamais assez le charme ni les vertus de l'apocope[1].

---

1. Comme l'enquête policière, la recherche linguistique se mesure à la qualité de ses indicateurs. Que mes *indics* (et notamment l'excellent *Raph*) trouvent ici le *témoigne* de ma *grate*.

L'art de faire COURT

Comment abrège-t-on un mot en français ? Avant d'examiner depuis quand on le fait, quelle modalité chaque époque a privilégiée, voire pourquoi on pratique de tels abrègements, avant de pressentir de quelle physionomie la vogue actuelle des raccourcis va pourvoir la langue française, il importe de présenter les procédés disponibles à l'amoindrissement d'un terme. Cela permettra, chemin faisant, de nous familiariser avec le vocabulaire dont nous ferons usage dans la suite.

Il est certes également loisible d'allonger un mot. La langue populaire en donne de nombreux exemples : *camarluche, chomdu, concepige, cravetouse, cureton, épicemar, frometon, gigolpince, papelard, paveton, rouquemoute*, etc., sont plus longs, d'une syllabe le plus souvent, que *camarade, chômage, concierge, cravate, curé, épicier, fromage, gigolo, papier, pavé, rouquin*. Ces allongements sont un cas particulier d'une tendance familière à changer la terminaison d'un terme, par l'emploi d'un suffixe (élément placé après le radical, pour former un dérivé), souvent inventé à l'occasion. *Adjupète* (adjudant), *burlingue* (bureau), *calebar* (caleçon), *cantoche* (cantine), *corbaque* (corbeau), *furax* (furieux), *jalmince* (jaloux), *nibard* (nichon), *poiscaille* (poisson), *pourliche* (pourboire), *probloc* (problème), *rasif* (rasoir), *ticson* (ticket), etc., dérivés de même longueur que le terme d'origine, montrent l'inventivité de cette suffixation fantaisiste. Ils dénoncent aussi, il est vrai, sa faible actualité : la plupart de ces termes sont passés de mode. On n'allonge plus guère, de nos jours, pas plus qu'on ne rénove les finales. La tendance générale est à la réduction pure et simple, à la fracture, à la troncation ; celle-ci s'accélère, touchant tous les registres et domaines de la langue : telles seront les thèses centrales de ce livre.

On appelle *troncation* le procédé d'abrègement d'un mot par la suppression d'une ou de plusieurs syllabes. Il n'est que deux façons de tronquer : par ablation initiale, ou finale.

1. L'APHÉRÈSE

Par emprunt au grec *aphairesis*, « action d'ôter », on désigne ainsi une troncation opérant par l'élimination de la première partie du mot. Le phénomène se rencontre en français ; mais notons dès l'abord qu'il n'est pas des plus fréquents.

On en a quelques traces à date ancienne, c'est-à-dire, pour cette habitude d'abréger les mots, au début du XIXe siècle ; on relève à cette date, par exemple, une *goton*, servante mal tenue ou aux manières négligées : le terme est issu de *Margoton*, diminutif de *Marguerite*. La plupart des aphérèses se sont développées avant 1900, dans le parler parisien, la langue des casernes, l'argot des métiers ; elles fleurent bon le XIXe, la gouaille des Parigots et des bidasses. Datent de cette époque et ont disparu avec elle :

– ca/*binet*

– ca/*pitaine*

– co/*mmissaire*

– es/*croc*

– muni/*cipale* (piste)

– péni/*tentiaire*

– sau/*ciflard*

– terri/*toriale* (garde)

On y ajoutera des prénoms : É/*tienne,* An/*toine,* Ni/*colas,* eux aussi passés de mode. Si l'on considère la toponymie parisienne, on ne relève qu'une aphérèse, le *Topol* (Sébastopol), vite remplacée par l'apocope le *Sébasto*.

Bien peu en effet sont restés dans l'usage. On entend encore, avec des degrés de vitalité variés : amé/*ricain* ; fan/*zine* ; mas/*troquet* ; circon/*flexe* (chez les typographes et les correcteurs). Gardons pour la bonne bouche trois curiosités.

– Le *bougnat*. Ce mot pseudo-auvergnat est issu de char/*bougna,* « charbonnier ». Quant à *charbougna,* c'est une blague, un néologisme (mot nouveau) inventé par les Parisiens pour imiter l'accent des braves Auvergnats qui leur vendaient bois et charbon. Afin de qualifier leur « patois », ils avaient également créé le mot *charabia*. On ne fait guère plus aimable !

– Le *chandail,* ce gros tricot de laine que l'on enfile par la tête, était porté, à la fin du XIXe siècle, par les vendeurs de légumes des Halles, et notamment par les mar/*chands d'ail*. Cette origine surprenante est confirmée par l'aphérèse *chand* (pour *marchand*), bien attestée à l'époque : on relève *chand de chiffons !, chand de parapluies !* parmi les anciens « cris de Paris ». C'est un argot d'époque : on entrait chez un *chand de vin* pour prendre en vitesse un petit *cogne* sur le *comp'*...

Par métonymie (la partie pour le tout), le *chand d'ail* en est venu à désigner le tricot qui réchauffait ces légumiers.

– Le *Boche*. Le nom et adjectif *allemand*, resuffixé de façon fantaisiste, vers 1860, en *alboche* (on rencontre ainsi *rigolboche* pour *rigolo*), est devenu *boche* par aphérèse quelques années plus tard, et propagé en 1914.

Outre ces curiosités linguistiques, peu de choses. On en a confirmation en examinant la langue moderne, où la néologie par aphérèse est infime. Relevons :

– auto/*bus*

– auto/*car*

– bon/*bec* (bonbon)

– san/*tiags* (bottes mexicaines)

Pour la langue la plus actuelle, nous avons relevé, dans *Le Petit Livre de la tchatche* de Vincent Mongaillard, la forme *leur*, pour *contrôleur*, et *guez*, aphérèse de *merguez*, en tant qu'adjectif au sens de « maigre » (c'est une mince saucisse), comme substantif avec l'acception « voiture volée, maquillée, revendue » (rien n'y est d'origine). Mongaillard observe également un retour de l'aphérèse redoublée, sur le modèle de *en avant la zizique* des années 1950 : *didic* (indic) ; *gengen* (argent) ; *zizir* (plaisir) ; *zonzon* (prison). Au total, fort peu de choses : le français a dû produire une centaine d'aphérèses.

Et certaines ablations de l'initiale n'en sont pas. *Blème* (pour *problème* : « j'ai un *blème* »), par exemple, traduit plutôt une prononciation relâchée (comme *'cré* pour *sacré*, *'jour* pour *bonjour*, *'soir* pour *bonsoir*, etc.). Quant au récent *touze* (qui se dit d'un loisir collectif particulier), il ne traduit pas forcément une résurgence de l'aphérèse ; nous y verrons un cas de verlan tronqué (partouse → touzepar → *touze*). L'abrègement contemporain s'accompagne d'un grand retour du verlan, phénomène sur lequel nous aurons l'occasion de revenir.

Décidément l'aphérèse n'appartient pas au « génie de la langue ». Pourquoi ? Remarquons que ce type de troncation, qui touche au radical, défigure le mot d'origine, et le rend peu ou mal reconnaissable : *tiag* et *guez*, par exemple, sont moins aisément reconnaissables que *dissert'*, *ophtalmo*, *perquise*, dont il manque seulement un suffixe aisément reconstructible. Nous en déduirons que le cryptage n'est pas au cœur du phénomène : on abrège en français pour donner une autre forme, plus simple, plus rapide, plus complice, voire plus affectueuse, au mot – pas pour le masquer.

2. L'APOCOPE : LA VOIE ROYALE

UN PEU D'HISTOIRE

Par emprunt au grec *apokopê* (dérivé du verbe *apokoptein*, « couper »), on désigne ainsi le retranchement de la fin d'un mot. Le phénomène est massif en français ; dans cet ouvrage, nous en décrirons en détail un des aspects, qui nous semble devenir hégémonique.

L'apocope est-elle ancienne ? Comme l'aphérèse, on la relève, mais en grand nombre, à partir de 1800. Certes, quelques rares exemples sont antérieurs : on note en 1644 un *come* (« commandant de la chiourme d'une galère »), en 1790 un *daufe* (de *dauphin*, « pince de cambrioleur »). De telles attestations ont amené les lexicographes à cette conclusion : l'apocope et la troncation en général sont issues de la langue de la pègre et ne se développent réellement (avec elle) qu'au XIXe siècle. Cette opinion se fonde sur les premiers termes relevés et sur l'idée que la troncation participe d'une activité de « cryptage », qui est une des fonctions de l'argot. Rien n'interdit toutefois de penser différemment. Il faut d'abord noter un fait, qui sera l'un des fils directeurs de cet ouvrage : la troncation appartient à la langue orale, où elle prend naissance ; or, à date ancienne, nous ne disposons que de sources écrites, ouvrages et dictionnaires. Se pose la question générale des échos d'oralité dans une littérature peu sensible au « peuple » ni à sa langue, dans une lexicographie peu encline à collecter un français de « bas niveau ». Nous sommes tenté de supposer que le phénomène est plus ancien (dès le XVIIIe siècle ?), mais qu'il n'est apparu ni dans la littérature (étanche à la langue familière) ni dans les dictionnaires (attachés à décrire le lexique de « bon usage ») ; nous conjecturerons qu'il aura fallu attendre les écrivains et les lexicographes intéressés par la « langue des voleurs » pour que des termes tronqués fussent relevés. Dans notre optique, les *Mémoires* de Vidocq (1829), par exemple, marqueraient l'émergence du phénomène non pas dans la langue, mais dans le seul écrit que nous pouvons consulter. Les premières attestations d'apocopés, au XIXe siècle, montrent que l'on s'éloigne assez vite du bagne, au profit d'autres milieux. On trouvera ci-dessous une chronologie des attestations :

– 1800 : *poisse*/ard, « voleur ».

– 1802 : *ipéca*/cuanha, « vomitif », d'où « médecin militaire ».

– 1815 : *passe*/ant, « chaussure ».

En 1829 paraissent les passionnants (mais largement apocryphes) *Mémoires* d'Eugène-François Vidocq ; on y relève des apocopés en abondance :

– 1829 (Vidocq) : *aff*/aire ; *autor*/ité ; *bath*/if, « joli » ; *cab*/ot, « chien » ; *comm*/erce ; *dégui*/sement ; *dili*/gence ; *es*/croc ; *maqu*/ereau ; *maqui*/llage ; *perpète*/uité ; *rata*/touille.

– 1830 : *amphi*/théâtre, « cours magistral » ; *faf*/iot, « papier » ; *pagne*/ier, « provisions » ; *pre*/mier ; *sap*/in, « cercueil ».

– 1833 : *châsse*/ant, « œil ».

– 1834 : *dorto*/ir ; *prem*/ier.

– 1835 : *der*/nier ; *kilo*/gramme ; *d'achar*/nement ; *d'autor*/ité ; *pour la f*/rime ; *pédé*/raste ; *rendève*/ous.

– Après 1835 : *d'occase*/ion ; *bénèf*/ice ; *coll*/ège ; *préfec*/ture ; *rade*/au, « comptoir » ; *sax*/ophone ; *cabo*/tin, etc.

L'apocope appartient aussi à la langue des troupiers ; elle fleurit dans les casernes bien avant le XXe siècle : *aspi*/rant ; *bas-off*/icier ; *biff*/in ; *colo*/nel ; *distrib*/ution ; *génél*/ral ; *gestio*/nnaire ; *manut*/ention ; etc.

On ne s'étonnera pas de la rencontrer chez les potaches : l'apocope est présente dans la vie scolaire, sous tous ses aspects, avec parfois une certaine virtuosité, témoin le *prof' d'hist' nat'*.

– Personnel : *provi*/seur ; *cens*/eur ; *prof*/esseur ; *sur*/veillant *gé*/néral ; etc.

– Locaux : *baz*/ar (lycée) ; *réfec*/toire ; *bibli*/othèque ; etc.

– Classes : *sciences ex*/périmentales ; *math*/ématiques *élem*/entaires ; *rhéto*/rique.

– Études : *bota*/nique ; *chim*/ie ; *dess*/in ; etc.

– Exercices et examens : *agrèg*/ation ; *bac*/calauréat ; *compo*/sition ; *dev*/oir ; *dissert*/ation ; *exam*/en ; *rédac*/tion ; etc.

L'École polytechnique ayant fait l'objet de deux dictionnaires, nous sommes bien renseignés sur les apocopes que l'on y pratiquait à la fin du XIXe siècle : *admiss*/ion ; *anc*/ien ; *amphi*/théâtre ; *applic*/ation ; *arti*/lleur ; *bas-off*/icier ; etc.

La troncation française, majoritairement apocopique, relève du vocabulaire d'un groupe social, lequel a ses rites et ses marques de reconnaissance ; ce phénomène d'abrègement des mots est un trait de familiarité. La tendance, ancienne, mais toujours actuelle, à couper les prénoms en est une preuve : *Domi*/nique ; *Flo*/rence ; *Fréd*/éric ; *Nath*/alie ; *Pat*/rick ; *Raph*/aël ; *Sébas*/tien ; *Stéph*/ane ; etc. ; l'affection est apocopée.

Après 1875, les troncations se multiplient ; elles relèvent de milieux variés. D'autres groupes sociaux ou professionnels vont, aux XXe et XXIe siècles, s'emparer de l'apocope. La médecine en donne le meilleur exemple ; elle ouvre la voie à la troncation technique, où le besoin de rapidité se joint à une complicité professionnelle (voire à la confidentialité), et qui multiplie les apocopés en *-o* : *ana*/tomie *path*/ologique ; *blenno*/rragie ; *cuti*/réaction ; *dermato*/logie ; *gynéco*/logie ; *histo*/logie ; *ophtalmo*/logie ; etc. Et dans un registre plus familier : *suppo*/sitoire ; « avoir neuf de *tens'* ». Cela concerne aussi le personnel hospitalier :

> « Il [un chirurgien] fait son numéro devant les jeunettes aux dépens d'une pauvre vieille... toujours ils font ça... ridiculiser les *surves* devant les *infes*... dénigrer les *infes* devant les *surves*... des méchantes langues diraient : diviser pour régner » (Victoria Thérame, *Hosto-blues*).

De quand date la généralisation de l'apocope ? Un tournant semble en avoir été pris au cours des années 1960. En témoigne non pas un lexicographe, mais un romancier. Le héros de *Blanche ou l'Oubli* (publié en 1967), de Louis Aragon, est linguiste, spécialiste de langues lointaines, mais attentif au français contemporain, et notamment à son goût des troncations. Ayant noté l'apparition de *manif* (à l'occasion des manifestations contre Ridgway, en 1952)[1], il relève les progrès de l'apocope, attestant les abrègements *formid* (able), *préoccup* (ation), *pourb* (oire), *Stan* (islas), *Geoff* (roy), *trav* (ail), *Saint-Trop* (ez), y voyant le trait le plus neuf, et le plus spécifique du langage des jeunes.

Une autre indication est fournie par les réactions puristes ; elles se multiplient à partir de 1980, traduisant une prise de conscience (tardive, on en conviendra) de la multiplication des abrègements, et la conviction qu'elle est excessive, bouffonne, voire nocive. En 1990, un journaliste talentueux invente plaisamment le *rac* :

> « Tout le monde, même sans le savoir, connaît le *rac*, le parle ou l'entend parler. Mais si : le *rac*, c'est de la prose en raccourci » (Michel Richard, *Le Point*, 14 mai 1990).

Au cours de la polémique accompagnant la préparation de la loi Toubon (sur l'emploi de la langue française, du 4 août 1994), un lecteur écrivait à son journal qu'il ne convenait pas seulement de lutter contre les anglicismes, mais qu'il fallait bannir aussi les troncations : « que soit condamnée l'amputation des mots et interdite une langue qui accepte "l'instit, en sortant du resto, a regagné son appart" » (*Le Figaro*, 11 mars 1994). L'apocope, on le voit, venait de rejoindre l'anglicisme au rang des calamités linguistiques nationales.

De nos jours, bien peu d'activités sociales ou professionnelles sont exemptes de troncation : plus de la moitié des apocopes rele-

1. « C'est, je crois bien, vers ce temps-là que j'ai noté ce petit fait linguistique chez les étudiants, entre eux disant sous une forme abrégée la *manif (Alors, c'est pour quand, la manif ?)*. »

vées datent des quarante dernières années. L'apocope est pratiquée dans le monde audiovisuel (*cam*/éra ; *haute déf*/inition ; *micro*/phone ; *rediff*/usion), dans l'Administration (*chef de cab*/inet ; *doss*/ier ; *conf*/érence *budg*/étaire), dans la vie politique (*anar*/chiste ; *écolo*/giste ; *réac*/tionnaire), dans l'informatique (*ordi*/nateur), dans la presse (*rédac*/teur en *chef* ; deux *col*/onnes à la une), dans le commerce (*appro*/visionnement ; *distrib*/ution ; *petit comm*/erce) ; au bistrot (*beaujol*/ais ; *calva*/dos ; *champ*/agne ; *déca*/féiné), comme chez les consommateurs de drogues (*came*/lote ; *halluc*/ination ; *hasch*/isch ; *héro*/ïne ; *morph*/ine). Elle est désormais un trait de la langue commune contemporaine : ses usagers ont-ils conscience que les mots courants *auto, cinéma, kilo, météo, métro, photo, pneu, radio, taxi, vélo* (dont plusieurs figurent en « entrée » dans les dictionnaires usuels) résultent d'une troncation ?

LES PROCÉDÉS DE L'ABLATION

On coupe donc les mots français, en faisant disparaître leur partie finale. Il est bien des façons de décrire le phénomène. Par exemple en mesurant : ôte-t-on une syllabe, ou deux, ou trois ? Quelle portion de partie initiale, le plus souvent le radical du mot, conserve-t-on ? Cet aspect nous intéressera indirectement ; nous montrerons que le résultat est de plus en plus court : le français s'abrège.

Les travaux sérieux consacrés à la troncation, et plus précisément à l'apocope (Kenneth George, Fabrice Antoine, Claudette Groud et Nicole Serna ; voir la bibliographie), adoptent la même démarche, en fonction de la finale du mot, après ablation. L'apocopé obtenu se termine par une voyelle (*ciné*), laquelle est le plus souvent un *o* (*métro, vélo*), ou bien par une consonne (*fac, mag, prol*).

Une telle description était justifiée, jusqu'à ces dernières années du moins. Elle tenait au fait que la finale vocalique était prépondérante. Les travaux, au cours du XXe siècle, qui fournissent des statistiques évaluent la finale vocalique à 75 %, puis 66, puis 50 ; nous pensons qu'elle devient sous nos yeux nettement minoritaire. Elle fut certes populaire et productive, particulièrement sous sa forme *-o*. Il se trouve que bon nombre de troncations simples ont abouti à une telle finale ; la liste, constituée par Gabrielle Le Tallec, en est fort longue (près de trois cents termes) ; elle commence ainsi : *abdos, accro, ado, agro, anabo, anthropo, aphro, appro,* etc. Il convient d'y joindre l'apocope de marques (*Brico, Casto, McDo*) et de noms propres (*Canto, Mosco, Sarko, Ségo*). L'énumération impressionne ; elle explique que la voyelle *o* soit devenue une marque de troncation : après l'*expo,* on se fait un *restau bio*.

Le phénomène ancien de resuffixation (fantaisiste) après troncation a trouvé ici à s'employer. Au début du XXe siècle, on relève de telles formes, qui n'ont pas survécu : *avaro* (avarie) ; *camaro* (camarade) ; *engueulo* (engueulade) ; *machino* (machiniste) ; *pharmaco* (pharmacien) ; *spécialo* (spécialiste). De nos jours *bolcho, braquo, convalo, dico, dirlo, facho, gaucho, socialo, travelo,* etc., sont d'usage courant. Tous sont, dans le domaine de l'apocope vocalique, les cousins des *burlingues* et autres *calecifs*. L'apocope en *-o* est familière ; elle peut remplacer, par apport de connivence, une apocope vocalique simple : une maison de prostitution clandestine se dit un *clandé* ; on entend fréquemment *clando*. Notons par ailleurs qu'une apocope vocalique peut elle-même subir une ablation ; ainsi, *cinématographe* est devenu *cinéma* puis *ciné*.

Le second type d'ablation, laissant subsister une consonne en finale, est celui qui prend l'avantage de nos jours : cet ouvrage lui est consacré et nous y reviendrons en détail. Notons ici que la consonne reste finale après disparition d'une syllabe (*baz*/ar ; *bénéf*/ice ; *diam*/ant ; *mat*/in) ou de deux (*agrèg*/ation ; *broc*/anteur ; *distrib*/ution), voire de trois (*fortif*/ications ; *manif*/estation ;

math/ématiques). La forme qui subit la troncation peut résulter d'une agglutination ludique ; ainsi, dans le vocabulaire de l'extrême droite :

– les identitaires → les z-identitaires → les zid.

Dans tous les cas, l'intention est à l'évidence d'obtenir un terme bref, mono- ou bisyllabique, se refermant sur une consonne.

La vigueur de l'apocope en français se marque par le fait qu'elle ne touche pas seulement des termes isolés ; elle concerne également des mots composés, prénoms doubles, locutions et autres. Le phénomène peut concerner le seul premier élément ; le second, considéré comme la finale, est abrégé, parfois sévèrement. Prenons des exemples d'apocopes vocaliques.

– Datent du XIXe siècle (et sont sortis de l'usage) : *cassis-co*/gnac ; *droit co*/mmun ; *maître d'hô*/tel ; *Marie-Thé*/rèse.

– Furent créés au XXe : *Cité U*/niversitaire ; *Jean d'O*/rmesson ; *Jean Gi*/raudoux (lycée de Châteauroux) ; *Langues O*/rientales ; Sciences *Po*/litiques ; etc.

Les deux termes peuvent être touchés. Pour rester dans les apocopes vocaliques du XIXe siècle : *éco*/nomie *po*/litique ; *Ma*/rie *Lou*/ise. Les doubles troncations consonantiques sont si nombreuses et si spectaculaires, dès le XIXe siècle (*boul*/evard [Saint-] *Mich*/el ; *bat*/aillon *d'Af*/rique ; *caf*/é *conc*/ert), que nous leur consacrerons un exposé particulier ; elles fleurissent de nos jours (*cong*/és *pay*/és).

L'évolution du français se laisse dès lors apercevoir. L'aphérèse est une pratique ancienne, qui a cédé la place à l'apocope ; nous avons des exemples d'un tel remplacement.

Origine		Aphérèse		Apocope
capitaine	→	pitaine	→	capite
combinaison	→	binaison	→	combin(aise)
foufoune (sexe féminin)	→	foune	→	fouf
italien	→	talien	→	rital
saucisson	→	ciflard	→	sauc(i)
Sébastopol	→	Topol	→	Sébasto

Ensuite, au sein de l'apocope, la finale vocalique semble reculer devant une ablation laissant subsister une consonne. Au début du XXe siècle se met en place une pratique dans la réduction des abrègements : de l'apocope vocalique vers la consonantique. Elle est devenue majeure ; nous l'examinerons précisément.

Origine		Apocope vocalique		Apocope consonantique
boniment	→	boni	→	*bonime*
célibataire	→	célibo	→	*célib'*
coopérative	→	coopé	→	*coop*
pensionnaire	→	pensio	→	*pens'*
taximètre	→	taxi	→	*tax*

La marche vers des mots brefs s'achevant sur une consonne est évidente ; cette réduction opère, dès la fin du XIXe siècle, sur toutes sortes de termes travaillés par la langue populaire, selon une resuffixation fantaisiste (ils n'ont pas survécu).

crasseux	→	craspec	→	*crasp*
frangin	→	frangibus	→	*frangib'*
Pernod	→	perniflard	→	*pernif*
rendez-vous	→	rencard	→	*renque*
saucisson	→	sauciflard	→	*saucif*

UNE THÉORIE NOUVELLE

Nous avons jusqu'ici adopté la présentation habituelle, qui distingue les apocopes à finales vocalique et consonantique. Toutefois, les exemples que nous avons cités, le privilège des abrègements s'achevant sur une consonne, nous amènent à proposer une autre description. Il s'agit tout simplement de la façon dont on découpe un mot français.

Dont on le découpe **à l'oral**, il convient de le noter dès l'abord, car l'écrit transcrit à sa manière et suit d'autres règles de découpe. *Enfant, graphie, appel* sont pour nous ici : [ãfã], [grafi], [appel].

Le découpage oral en syllabes (syllabation) est une compétence intuitive que possède chaque locuteur. Parler français, c'est être capable de détacher, sans hésitation ni réflexion : ma/ni/fes/ta/tion ; co/o/pé/ra/ti/ve ; fi/dè/le/ment. L'exercice, préparatoire à une maîtrise de la lecture, est pratiqué dès la grande section de maternelle. Il est vrai que les règles sont des plus simples : la coupe syllabique suit chacune des voyelles, passe au milieu d'un groupe de deux consonnes (ou après la première s'il y en a trois : ob/sti/né). Les problèmes sont peu nombreux :

– Le « *e* sourd » (à la finale ou à l'intérieur du mot) est prononcé, dans le midi de la France, quand on dit des vers, et souvent quand on pratique lentement la syllabation ; dans ces cas, il est compté : co/o/pé/ra/ti/ve (six syllabes) ; fi/dè/le/ment (quatre syllabes). Si l'on s'abstient de le prononcer, le mot est plus court et, surtout, il se termine par une consonne : fi/dèl/ment (trois syllabes) ; co/o/pé/ra/**tiv** (cinq syllabes).

– Les groupes de deux consonnes sont comptés comme une s'ils sont formés d'une consonne suivie d'un *l* ou d'un *r* : par/tir mais pa/trie. La coupe syllabique suit donc la voyelle dans : ta/bleau ; capa/ble ; pâ/tre. Il en est de même, par exemple, des groupes *gn* : mi/gnon (mais stag/ne).

Dans tous les cas, l'intuition du locuteur francophone ainsi qu'une syllabation lente sont des guides sûrs.

On dit qu'une syllabe est ouverte quand elle se termine par une voyelle (pa/trie) ; elle est fermée si une consonne la clôt (par/tir). Dit autrement, dans une syllabe ouverte, la coupe syllabique suit la voyelle ; dans une syllabe fermée, elle succède à une consonne (pa/trie ; par/tir).

Il est possible, dès lors, de reformuler la description traditionnelle. Reprenons, dans l'ordre chronologique, les premières apocopes consonantiques relevées en français :

commandant	→	*come*
dauphin	→	*dauphe*
poissard	→	*poisse*

passant → *passe*

cabot → *cab*

fafiot → *faf*

panier → *pagne*

Il est clair que la coupe syllabique, dans ces termes, passe respectivement après : co/mmandant ; dau/phin ; poi/ssard ; pa/ssant ; ca/bot ; fa/fiot ; pa/nier. Cette application simple de la règle est confirmée par les autres troncations relevées à la même époque, celles-ci vocaliques : ipéca/cuanha ; maqui/llage ; amphi/théâtre ; rata/touille ; etc.

Or, si l'on a les troncats (résultats d'une troncation) *come*, *dauphe*, *poisse*, *passe*, *cab*, *faf*, *pagne*, c'est qu'il s'est passé quelque chose. La syllabation a conservé la consonne qui ouvre la syllabe suivante :

– commandant → co/**mm**andant → co**mme**/andant.

Puis l'apocope a conservé la partie initiale :

– comme/andant → *comme*.

Ce que l'on appelle traditionnellement l'*apocope consonantique* est d'abord une modification de la coupe syllabique : elle conserve la consonne initiale de la syllabe suivante, laquelle devient la consonne finale de la syllabe qui précède. Ensuite, la syllabe suivante est supprimée, la précédente préservée. Si l'on note C une consonne et V une voyelle, au lieu, selon le schéma traditionnel, de :

C V C V → C V / C V → C V

on a :

C V C V → C V C / V → C V C

Ce qui n'est pas rien. Une des règles phonétiques les plus simples, et les plus fondamentales du français (la découpe des mots), est ainsi modifiée. La raison doit en être importante ; elle se laisse apercevoir : l'apocope, dans ce cas, a pour finalité de produire un terme non seulement court, mais s'achevant sur une consonne (syllabe fermée). On peut le comprendre, en l'occurrence : un *co*, un *dau*, un *poi*, un *pa*, un *ca*, un *fa*, un *pa* devaient singulièrement manquer de vigueur. Mais la question est plus générale. Avec ces premières apocopes consonantiques, au début du XIXe siècle, s'esquisse un nouveau visage du mot français, mono- ou bisyllabique et s'achevant en syllabe fermée :

C V C ou C V C V C

Le développement de l'apocope consonantique, de nos jours, et l'avenir hégémonique que l'on peut lui prédire montrent que la langue française change de physionomie. Il est temps d'en prendre la mesure : c'est ce que nous allons faire dans le reste de cet ouvrage.

EXERCICE

Classer en aphérèse, apocope vocalique et apocope consonantique les troncats suivants : *àtoutal, beauf, clim, cycliste, en avant arche !, intello, manip, maso, mob, muscu, synthé.*

....

....

....

....

....

....

....

....

....

....

....

→ **Soluces p. 167**

L'époque est à L'APOC

Au regard de la déontologie des sciences du langage, nous sommes sur le point de commettre deux fautes graves.

Tout d'abord, nous allons délibérément négliger la complexité de la langue, en délaissant la richesse de ses procédés. Ne pas considérer la langue française comme un système complexe est une faute de débutant, qui devient chez un linguiste professionnel un motif de destitution : nous accepterons d'en courir le risque.

Si l'on envisage la question de l'abrègement des mots, nous avons vu que le français ne manque pas de possibilités. Il a pu les mettre en œuvre, tour à tour, dans son histoire ; et c'est cette gamme que le savant doit contempler. Prenons l'exemple du bon vieux *certificat d'études primaires*, créé en 1866. Une première troncation l'a réduit à *certificat*. Quel fut le destin de ce dernier terme ?

– Par apocope vocalique simple, il est passé à *certi* (1880) puis, par suffixation familière en *-o*, à *certo* (1935), qui a donné un singulier de fantaisie *certal* (1940).

– Par apocope consonantique, il est passé à *certif* (1917). Puis une nouvelle troncation de ce type a produit *cert'* (1935), avant que le mot disparaisse avec cet examen, supprimé en 1989.

Soit, au total :

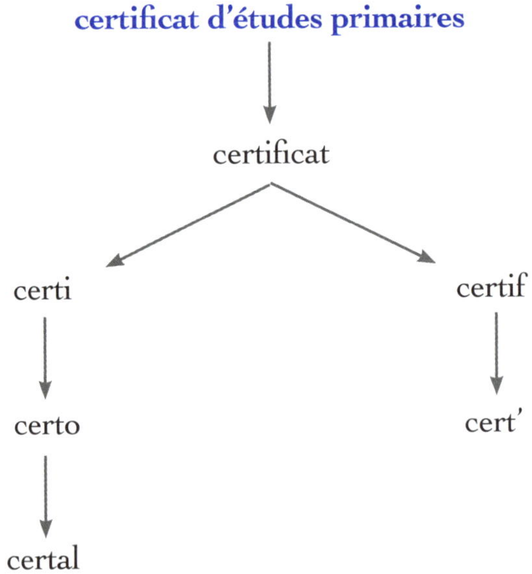

C'est l'arbre entier qui doit être pris en compte ; nous ne nous intéresserons qu'à sa branche de droite (apocopes consonantiques), en observant toutefois que la forme *certif* fut de loin la plus employée.

Il ne s'agit pas seulement de l'histoire de la langue. Tout au long de son développement, à un instant donné (et donc dans notre usage le plus actuel), le français, comme tout idiome, est composite : il fait usage de formes de nature, d'ancienneté, de registres divers. En forçant le trait, il n'est pas impensable d'entendre ceci en français contemporain :

> L'autre soir, dans le *pav* de *Steph'*, il y avait de drôles de *branques* : sous-*prols* en *tiags crades* venus en *guez* de leur *tiek*, *catho-tradi bourges* sortis de *Stan*, des *intellos* un peu *cheuls* échappés de Normale *Sup*, férus de *sciences soc'*. Tous, un peu *pafs*, tapaient l'*incruste*, mangeant des *spags bolo*, fumant des *pets*, écoutant du *tal*. *Gratos*. Non mais *def* ?

La pêche aux troncations y est (on s'en doute) miraculeuse. Nous y relevons des formes anciennes (*branque*, 1899 ; *Normale Sup*, 1890 ; *paf*, 1846) et des troncations récentes (*pav* ; *prols* ; *tiek* ; etc.), voire toutes récentes (nous avons… inventé *sciences soc'* pour l'occasion ; ce néologisme personnel ne semble pas détonner). Nous y reconnaissons des termes de la langue courante (*catho* ; *intello* ; *Normale Sup*), de la langue familière (*Steph'* ; *bourge* ; *paf*), de la langue populaire (*branque*), de la langue dite « des cités » (*pav* ; *sous-prol* ; *tiags* ; *tiek* ; *cheul* ; *tal*). L'origine de ces formes est enfin de la plus grande variété :

– **aphérèses** : san/*tiags*, mer/*guez*.

– **apocopes vocaliques** :

• simples : *catho*/lique, *tradi*/tionnel, *bolo*/gnaise ;

• avec suffixe adjoint : en *-o* (*intel*/*lo*), en *-os* (*gra*/*tos*).

– **apocopes consonantiques** :

• de mots simples : *pav*/illon, *Stéph*/ane, *branqu*/ignols, *prol*/étaire, *crad*/ingue, *bourge*/ois, *Stan*/islas, *paf*/és, *spag*/hetti, *pét*/ard ;

• de mots composés : *Normale Sup*/érieure, *sciences soc*/iales ;

• de locutions : *taper l'incrust*/ation, *non mais des f*/ois ;

• de verlan : quartier → tiéquar → *tiek*, louche → cheulou → *cheul*, métal → talmé → *tal*.

Ce relevé est assez représentatif de l'état actuel des troncations disponibles dans la langue. Peu d'aphérèses, quelques apocopes vocaliques, des apocopes consonantiques en abondance. Nous nous consacrerons à ces dernières.

Ce qui nous conduit à notre seconde audace délictueuse. La linguistique est une science descriptive qui se garde de toute prévision ; si elle prolonge une courbe, avance l'hypothèse d'une évolution, d'une simplification, elle le fait avec la plus grande prudence. Il y a de l'aléatoire, de l'imprévisible, voire de l'accidentel, dans les changements linguistiques. Qui aurait pu prédire, par exemple, la fusion, en français contemporain, de [in] et de [un] ? Ce phénomène, passé longtemps inaperçu, bien qu'il concerne, par exemple, un mot aussi courant que l'article indéfini (*un*), s'est répandu à un point tel que tout Français de moins de trente ans prononce cet article [in] (mais son féminin toujours [une]). Nul linguiste n'avait prévu ce changement. Et les rares prédictions s'avèrent rarement. Certes, la prépondérance de l'apocope sur l'aphérèse fait l'unanimité, et l'on peut sans risque la juger assurée. En 1922, dans son maître ouvrage *La Pensée et la langue*, le grand grammairien Ferdinand Brunot, à propos de la néologie, écrit :

> « Le procédé le plus récent, mais qui a de l'avenir, c'est l'apocope ; on coupe et on abrège ; *photo, kilo, ciné, moto, typo, vélo, aéro, pneu, sténo-dactylo*. (Cf. *troubade*, de *troubadour*.) »

On constate qu'il cite des apocopes vocaliques (qui ont presque toutes survécu), et une seule consonantique, inconnue aujourd'hui, en annexe : *troubade* (1859), « fantassin », apocopé de *troubadour* (1833), au sens de « troupier ». Mais au sein des apocopes, l'avis des grammairiens est unanime sur la primauté des vocaliques. Dans sa célèbre thèse sur l'abrègement en français, publiée en 1920 à l'université d'Uppsala, Hilding Kjellman se montre impressionné par la vigueur des troncations vocaliques, spécialement celles en *-o* ; il conclut :

> « Tout porte à croire que le développement va suivre son cours. [...] L'abrégé à finale vocalique, et notamment le type

en *-o*, restera certainement longtemps la forme préférée » (*Mots abrégés et tendances d'abréviation en français*).

Notre opinion est tout autre. Il nous paraît que l'apocope consonantique a pris un tel essor qu'elle devient hégémonique et constitutive, illustrant une tendance majeure à l'abrègement selon un format consonantique, contribuant à façonner le lexique français. Ce phénomène devrait se généraliser et s'accroître. Telle est notre prédiction ; il nous faut maintenant la justifier.

FAMILIARITÉ DE L'APOC

Que la troncation consonantique ne soit en rien étrangère à la langue, la considération historique nous l'a déjà prouvé.

Commençons par alléger notre vocabulaire. Appliquant (dans un esprit oulipien orthodoxe) au mot le procédé qu'il désigne, nous parlerons d'*apo* pour l'apocope vocalique, d'*apoc* pour la consonantique. Rappelons que pour nous l'*apoc* est d'abord un effet de syllabation : alors que l'*apo* abrège le mot conformément à la coupe syllabique (*a*/*po*/co/pe), l'*apoc* conserve la consonne qui ouvre la syllabe suivante (*a*/*po*/*c*o/pe).

On pratique l'apoc depuis au moins le début du XIXe siècle, au lycée comme à la caserne, autant qu'au bagne ; cela ne peut être un éphémère accident. La troncation consonantique a nourri notamment le langage populaire, l'argot, le parler des fortifs, produisant des termes, parfois sortis de l'usage, mais que l'on rencontre chez Francis Carco, Albert Simonin, Alphonse Boudard, que l'on peut entendre encore. (Nous donnons entre parenthèses la date de leur première attestation.)

– *alpaguer* (1935), saisir par l'*alpague,* « veste ; manteau », de *alpaga.*

– *artiche* (1883), de *artichaut,* au sens de « porte-monnaie », puis « argent ».

– *bat'* (*c'est bat',* 1846), de *battant,* « neuf, beau ».

– *blaire* (1872), de *blaireau,* « animal au nez pointu ; nez ».

– *blase* (1889), de *blason,* au sens de « nom ».

– *came* (1928), de *camelote,* « drogue ».

– *casse* (1899), de *cassement,* « cambriolage avec effraction », de *casser.*

– *cave* (1882), de *cavé,* « homme fait pour être dupé », participe passé de *caver,* « tromper ».

– *champ'* (1857), de *champagne.*

– *charre* (*sans charre,* 1901), de *charriage,* « plaisanterie ».

– *der* (au sens de « dernier verre », 1919), de *dernier.*

– *derche* (1920), assourdissement de *derge,* apocope de *dergeot,* apocope suffixée de *derrière.*

– *diam* (1877), de *diamant.*

– *faffe* (1829), de *faffiot* (d'un radical onomatopéique *faf-,* désignant des objets de faible valeur), « papier ; billet de banque ».

– *formid* (1953), de *formidable.*

– *lerch* (*pas lerch*, 1907), apocope du largonji[1] *lercher*, de *cher*.

– *lope* (1889), apocope du largonji *lopaillekem*, de *copaille*, dérivé de *copain*.

– *nib* (*nib de nib*, 1864), de *nibergue*, « rien ».

– *rade* (1844), de *radeau*, « comptoir ; café ».

– *sensass'* (1955), de *sensationnel*.

– *trouduc* (1953), de *trou du cul*, « imbécile prétentieux ».

Plus encore, bien des termes de la langue courante résultent d'une telle troncation. Nous les utilisons de façon familière, nous y sommes exposés, nous les reconnaissons, sans pour autant avoir toujours conscience de leur origine, ni les sentir comme des troncats.

– *bac* (1880), de *baccalauréat*.

– *beauf* (1944), apocope de *beaufre*, apocope de *beau-frère*.

– *bénèf* (1842), de *bénéfice*.

– *bide* (1507), de *bidon*, au sens de « ventre ».

– *bouille* (1890), de *bouillote*, au sens de « visage ».

– *bourge* (1978), de *bourgeois*.

– *cafète* (1970), de *cafétéria*.

1. Procédé par lequel on remplace la première consonne d'un mot par *l* et on la transporte à la finale, éventuellement suivie d'un suffixe de soutien. Nous y reviendrons.

– *canular* (1913), de *canularium,* latinisme parodique fait sur *canuler* (argot normalien).

– *cap* (*pas cap*, 1950), de *capable.*

– *clim* (1990), de *climatisation.*

– *cloche* (1898), de *clochard.*

– *coeff'* (1874), de *coefficient* (argot polytechnicien).

– *combine* (1906), de *combinaison.*

– *d'ac* (1940), apocope de *d'accord.*

– *dèche* (1835), de *déchéance.*

– *doc* (1980), de *document, documentaire.*

– *emmerdes* (1975), apocope de *emmerdements.*

– *ex* (avant 1990), apocope de *ex-mari, femme, amant,* etc.

– *expat* (vers 2000), de *expatrié.*

– *flingue* (1881), de *flingot* (germanique *Flinke,* « fusil » + suffixe *-ot*).

– *foot* (1909), de *football.*

– *frappe* (1888), de *frapouille,* « malfaiteur », altération de *fripouille.*

– *fric* (1879), apocope de *fricot* (dérivé de *fricasser*), « viande fricassée », d'où « bombance », d'où « argent nécessaire à cette bombance », d'où « argent ».

– *frusque* (1790), de *frusquin* (d'origine obscure), « argent ; habits ».

– *gogue* (1883), de *goguenot* (d'origine obscure), « gobelet ; vase de nuit ; latrines ».

– *gym* (1878), de *gymnastique*.

– *indic* (1894), de *indicateur* (de police).

– *intox* (1970), de *intoxication*.

– *mac* (1835), de *maquereau*, « proxénète ».

– *macchab* (1856), de *macchabée* (des sept frères Macchabée, personnages de la Danse macabre), « cadavre ».

– *manif* (1952), de *manifestation*.

– *mat* (1935), de *matin*.

– *maths* (1856), de *mathématiques*.

– *minus* (1943), apocope du latin *minus habens* (« ayant moins »), au sens de « débile ».

– *morfal* (1935), apocope de *morfaloux*, dérivé de *morfaler* (du germanique *murfen*, « ronger »), « manger gloutonnement ».

– *naze* (1953), « hors d'usage », apocope de *nazi* (d'origine obscure), « maladie vénérienne ».

– *nœud pap* (1960), de *nœud papillon*.

– *occase* (1841), de *occasion*.

– *paf* (1806), « ivre », participe passé de *se paffer*, « s'empiffrer ».

– *périph* (1976), de (boulevard) *périphérique*.

– *perm* (1947), apocope de *permission*, *permanence*, *permanente*.

– *perpète* (1836), de *perpétuité*.

– *petit dèj* (1970), de *petit déjeuner*.

– *plouc* (1880), apocope de *Plougastel* ou autre commune bretonne commençant par *Ploug*.

– *pop* (*musique pop*, 1955), de *populaire*.

– *pote* (1898), de *poteau*, au sens d'« ami solide ».

– *prem* (1834), de *premier*.

– *prof* (1890), de *professeur*.

– *provoc* (1973), de *provocation*.

– *pull* (1930), de *pull-over*.

– *rab* (1893), apocope du gascon *rabiot*, « rebut de la pêche ; fretin ».

– *réac* (1849), de *réactionnaire*.

– *sax* (1984), apocope de *saxo* (1909), apocope de *saxophone*.

– *self* (1950), de *self-service*.

– *showbiz* (1954), de *show-business*.

– *snack* (1958), de *snack-bar*.

– *sup* (*Normale Sup*, 1890), puis *Sup Élec*, *Sup de Co*, *Maths Sup*, *cadre sup*, *heures sup*, etc., apocope de *supérieur*.

– *survête* (1979), de *survêtement*.

– *télécom* (1984), de *télécommunication*.

– *vape* (*dans les vapes*, 1935), de *vapeur*.

On explique ainsi un emploi très familier qui peut surprendre. *Se barrer, partir, tomber, tourner en couille* signifient « échouer ; péricliter » ; de même, une *couille* (notamment dans le potage) peut prendre le sens de « difficulté imprévue » :

> « La *couille* que je subodore, elle nous arrive juste après Meaux… pleine cambrousse et il fait nuit. Badaboum ! Un choc violent » (Alphonse Boudard, *Le Corbillard de Jules*).

Les porteurs de testicules ayant accoutumé de les tenir en estime, nous les rassurerons en leur dévoilant l'usage singulier (à tous les sens du terme) qu'en l'occurrence on fait du mot *couille* : ils y reconnaîtront aisément une troncation de… *couillonnade*.

Comme on le voit, la troncation consonantique est une des sources auxquelles la langue commune s'abreuve ; elle ne cesse de le faire. En témoignent, par exemple, trois termes issus de la « langue des cités », entrés dans l'usage général et par suite dans le *Petit Larousse* (éditions de 1996 et 1997) :

– *beur* (1980), apocope de *beuara*, verlan de *arabeu* pour *arabe*, « jeune d'origine maghrébine né en France de parents immigrés ».

– *keuf* (1978), apocope de *keufli*, verlan de *flikeu* pour *flic*, « policier ».

– *meuf* (1981), apocope de *meufeu*, verlan de *feumeu* pour *femme*.

Ils résultent d'un procédé de troncation du verlan que nous étudierons à loisir.

L'ESSOR DE L'APOC

Le succès contemporain de l'apoc est d'abord un fait comptable ; l'impression qu'elle envahit la langue actuelle peut se prouver.

En 1919, rédigeant sa thèse de doctorat, Hilding Kjellman travaillait sur les abréviations du XIXe siècle et du début du XXe. Il ne donne pas de chiffres, mais ses exemples, les analyses détaillées qu'il leur consacre montrent à l'envi la primauté de l'apo. Quant à l'apoc (qu'il appelle *abréviation à finale consonantique*), elle est non seulement minoritaire (il cite moins d'une quarantaine de formes), mais elle lui semble exceptionnelle. Il s'emploie donc à la justifier, au cas par cas : renforcement d'un monosyllabe, désir de conserver au troncat une forme reconnaissable, distinction d'un homonyme, etc. Le soin qu'il prend manifeste que l'apocope vocalique et le respect de la syllabation sont pour lui, dans les faits, la norme.

Revenons au comptage. Dans son article de 1980 (« L'apocope et l'aphérèse en français familier, populaire et argotique »), Kenneth George note que les abrègements à finale consonantique « sont plus fréquents au XXe siècle ». De fait, la liste des néologismes qu'il fournit s'allonge : *alpag*/a ; *beaujol*/ais ; *bid*/on ; *carbur*/ant ; *cop*/ain ; *diam*/ant ; *falz*/ard ; *galur*/in ; *magas*/in ; *mat*/in ; *oign*/on. Au total, il indique avoir relevé une centaine de ces troncations, ce qui indique leur essor. Vingt ans plus tard, en introduction à son

Dictionnaire français-anglais des mots tronqués, Fabrice Antoine fournit des pourcentages :

> « Le français tronque plus volontiers après un son vocalique [...] : les troncats à finale vocalique sont deux fois plus nombreux dans le corpus que les finales consonantiques. »

Un tiers d'apocopes consonantiques, donc, dans son corpus, qui regroupe des formes tronquées de la fin du XVIIIe siècle à 1995.

Bien que publié à la même époque, l'ouvrage de Claudette Groud et Nicole Serna (*De abdom à zoo. Regards sur la troncation en français contemporain*) adopte un autre point de vue ; il se fonde sur un relevé automatisé (base Bornéo de l'Institut national de la langue française, du CNRS) des seuls néologismes apparus entre 1985 et 1995. Le copieux répertoire fourni par ce livre fait apparaître dans quel sens la langue innove, et le verdict est sans appel : nous y avons compté 170 apocopes vocaliques pour 235 consonantiques. Ce que confirme leur « 4e de couv' », qui cite sept apocs pour une apo :

> « Du *chef de cab* au *dircom*, de l'*éduc* au *technico*, pour être dans le *mouv'* sans être *ring*, il convient de parler *rac'*. Rien de *nouv*, apparemment, puisque la troncation existe depuis le XIXe siècle ; mais le fait nouveau est tout de même l'importance qu'elle a prise dans la créativité lexicale des dix dernières années. »

À l'évidence, l'apoc, désormais majoritaire à la fin du XXe siècle, est le creuset de l'innovation ; le titre de l'ouvrage le montre, qui laisse entendre qu'*abdom* (consonantique) est en passe de remplacer *abdo* (apo) dans l'abrègement d'*abdomen*. Cette primauté féconde n'a fait que croître depuis : préparant ce livre, nous avons en quelques mois constitué un corpus de huit cent cinquante termes issus d'une apoc, majoritairement contemporains. C'est un fait : le français d'aujourd'hui s'adonne avec ardeur à la troncation consonantique.

QUAND *MONOP'* REMPLACE *PRISU*

Les données quantitatives viennent confirmer une intuition : la langue française contemporaine favorise l'apocope consonantique, qui ne respecte pas la syllabation.

On en a pour preuve le phénomène que les grammairiens nomment *surtroncation* : il s'agit d'une sorte de troncation itérative, au cours du temps, un terme s'abrégeant peu à peu. Une apo peut succéder à une autre apo ; ainsi :

– aspirateur → aspiro → *aspi*.

Plus gênant pour notre thèse : une apo peut remplacer une apoc. Il en est quelques exemples. Dans l'abrègement du mot composé *vélocipède à pédales*, l'apo *vélo* (1879) a triomphé de l'apoc *véloce* (1868), qui avait pourtant produit *vélocer* et *vélociste* ; la *télévise* qu'emploie le cher Alphonse Boudard n'a pas tenu devant *télé*. Enfin, *client* fut d'abord abrégé par apoc en *clill* (1931 ; au sens de « client d'une prostituée ») puis par apo en *cli* (1988 ; au sens commercial général)[1]. Mais la tendance inverse est massive ; depuis le début du XXe siècle, des apocs remplacent régulièrement des apos : *Monop'* (apoc), on le sait, a remplacé *Prisu* (apo).

1. Notons, sur un autre plan, que l'apoc *voit*/ure n'a pas tenu devant l'apo *auto*/mobile, dans le domaine des transports, où l'abrègement vocalique règne en maître (*auto* ; *cyclo* ; *hélico* ; *loco* ; *métro* ; *moto* ; *vélo*). Revanche posthume de *voit'*, toutefois : *voiture* vient d'être verlanisé en *turvoi*, puis tronqué en *turve*.

Dans un cas, cette évolution s'explique par des raisons annexes. Dès 1867, *collaborateur* fut abrégé, par troncation vocalique, en *collabo*, au sens de « personne qui travaille avec une autre ». Le *Trésor de la langue française* donne cet exemple de 1920 :

> « Et je voudrais en faire d'autres [des romans d'aventures] pour d'autres gazettes, quitte à prendre un *collabo* » (Paul-Jean Toulet, *Correspondance avec un ami pendant la guerre*, 1920).

Toutefois à partir de 1940, *collabo* acquiert une acception odieuse, dont il ne se déprendra pas. Écrit parfois avec un *k* initial pour suggérer une ressemblance avec les Français ayant servi les Allemands durant la Seconde Guerre mondiale, il désigne toute personne que l'on soupçonne de complaisance avec un adversaire : pour certains défenseurs du français, par exemple, les partisans actuels du « tout anglais » sont des *collabos*. Il convenait donc de pourvoir le mot *collaborateur* d'un nouvel abrègement, libre de connotation fâcheuse. La seconde voie, l'apoc, était libre : elle a donné *collab'* (l'assistant parlementaire est le *collab'* d'un député), qui, polysémie de l'apoc oblige, désigne aussi la collaboration (« il m'a promis sa *collab'* »), et notamment, dans le langage de la mode, la collaboration d'un(e) styliste et d'une marque : « la *collab'* à ne pas manquer cet été ! ».

Pour le reste, la loi d'airain de la marche à l'apoc semble seule expliquer les changements intervenus. Le phénomène s'observe assez tôt ; on en constate les prémices en notant de tels remplacements dès le XIXe siècle, ou au tournant du XXe ; ainsi, dans le vocabulaire politique, le substantif *anarchiste* donne *anarcho* en 1894, vite remplacé par *anar* (1901) ; chez les boursiers, le *napoléon* (pièce de 20 francs or) donne *napo* en 1886, que remplace *nap* en 1909 ; l'adjectif *premier* est abrégé en *pre* (1830), remplacé en 1834 par *prem*, toujours en usage ; la locution *d'autorité*, tronquée en *d'auto* (1835), devient *d'autor* (1842), encore courante. On peut y joindre *kilo* (1858), apo de *kilogramme*, qui, au sens de « litre de vin » (et dans ce sens seulement), est remplacé par *kil* (1878).

Les autres surtroncations prennent place au XXe siècle. Il peut s'agir de la version « moderne » de troncations apparues au siècle précédent. Le phénomène touche tous les registres, notamment le lexique scolaire :

demi-pensionnaire → demi-pen[1] (1886) → demi-pens (1928)

certificat	→	certif (1917)	→	cert' (1935)
dortoir	→	dorto (1834)	→	dort' (1929)
instituteur	→	insti (1890)	→	instit' (1970)
principal	→	prin (1880)	→	prince (1929)
trigonométrie	→	trigo (1880)	→	trigon' (1929)

Un tel remplacement n'est pas toujours couronné de succès ; mais il marque une propension, qui nous importe. Ainsi *pédéraste*, devenu *pédé* dès 1836, fut « apoqué », vers 1986, en *pède* :

– pédéraste → pédé (1836) → *pède* (1986).

On peut douter que ce dernier l'emporte, mais sa création est significative : en français d'aujourd'hui, le changement va de l'apo à l'apoc ; jamais l'inverse.

En outre, ce changement n'est pas non plus, à tout coup, un abrègement : c'est la volonté d'obtenir une finale consonantique

1. Prononcé [pã] : il s'agit bien d'une troncation vocalique.

qui l'emporte. L'hôpital *Lariboisière* a connu deux troncations successives, la seconde constituant une plus longue apoc :

– Lariboisière → Laribo (1903) → Lariboise (1911).

On ne sera pas étonné d'apprendre que le personnel médical de cet hôpital l'appelle actuellement *Larib'*. Nous assistons à un phénomène globalement contemporain. Ce que montre un fait nouveau : l'influence de la langue anglaise. Ainsi, l'apo *fana*, de *fanatique* (*fana-mili*, « avide de la chose militaire », chez les saint-cyriens dès 1892), est concurrencée, à partir de 1948, par l'anglicisme *fan*, issu du domaine musical ; les deux sont en usage : « je suis *fana*, vraiment *fan*, de cuisine mandchoue ».

À des dates diverses, dans des registres différents, avec des succès variés, nous avons relevé ces surtroncations, dont la liste montre bien le mouvement de la langue. (Nous donnons la graphie la plus courante.)

abdomen	→	abdo	→	*abdom*
amphétamine	→	amphé	→	*amphète*
application	→	appli	→	*app'*
association	→	asso	→	*assoc'*
beaujolais	→	beaujo	→	*beaujol*
caméra	→	camé	→	*cam'*
célibataire	→	célibato	→	*célibat'*

célibataire	→	célibo	→	*célib'*[1]			
chocolat	→	choco	→	*choc'*			
cinématographe	→	cinéma	→	ciné	→	*cin'*	
circonscription	→	circo	→	*circons'*			
congélateur	→	congélo	→	*congèle*			
coproduction	→	copro	→	*coprod*			
dégueulasse	→	dégueu	→	*dègue*			
document(aire)	→	docu	→	*doc*			
exhibitionniste	→	exhibi	→	*exhib*			
favori	→	favo	→	*fav'*			
frigidaire	→	frigo	→	*frige*			
Front populaire	→	Front popu	→	*Front pop*			
hallucination	→	hallu	→	*halluss*			
information	→	info	→	*inform*			
matériel	→	matos	→	*mat'*			
maximum	→	maxi	→	*max*			
microphone	→	micro	→	*mic*			

1. Nous avons classé de façon logique la foisonnante troncation du mot *célibataire*. On peut penser également à une évolution directe : *célibataire* → *célibat'* → *célib'*.

Monoprix	→	Mono	→	*Monop'*
physique	→	phy	→	*phys'*
préparation	→	prépa	→	*prèp*
prolétaire	→	prolo	→	*prol*
promotion	→	promo	→	*promoss*
provocation	→	provo	→	*provoc*
rachitique	→	racho	→	*rache*
saxophone	→	saxo	→	*sax*
Sécurité sociale	→	Sécu	→	*Sèc soc'*
sensationnel	→	sensa	→	*sensass*
sympathique	→	sympa	→	*symp'*
taximètre	→	taxi	→	*tax*
toxicomane	→	toxico	→	*tox*
tradition(nel)	→	tradi	→	*trad*
travesti	→	travelo	→	*trave*

Cette liste est pleine d'enseignements. Par son ampleur elle prouve le sens de l'évolution ; dans le détail elle montre le travail de la langue.

Certaines apocs sont entrées dans l'usage (*sensass* depuis longtemps) : on prend des *amphètes* ; on en fait un *max* : on achète, par *provoc,* son *choc* à *Monop'*. De fait, *choco* (avec ou sans BN), *congélo, dégueu, docu, popu, prépa, saxo, sensass, toxico,* etc., semblent désormais des troncations de quinquagénaires (pour le moins). À l'inverse, *abdom, app, célib', cin'*[1], *inform, prèp, tox, trave,* etc., appartiennent à la génération montante : à la salle de sports, ceux qui travaillent leurs *abdoms* (et non pas leurs *abdos*) ont moins de trente ans. *Cam, coprod, doc, mat, mic,* etc., relèvent du vocabulaire actuel de l'audiovisuel : on fait un enregistrement *bicam*. Les troncats *cin', fav, promoss, symp'* s'imposeront-ils ? Il nous suffit que ces formes aient été relevées, illustrant la préférence du français en faveur de l'abrègement consonantique.

Une langue est composite ; la concomitance de deux formes en témoigne. La différence d'emploi entre *provo* et *provoc* est minime. Quand les abrègements se répartissent, ils le font en fonction des registres, des âges, voire des opinions. Il semble que la droite soit davantage *tradi* que *trad* ; à l'inverse, la gauche serait plus *assoc'* qu'*asso*. L'apoc est souvent technique : *Sèc soc'* (double troncation) est d'usage chez les seuls employés de la *Sécu*, abréviation du grand public. Quant aux soiffards, ils consomment également du *beaujo*, du *beaujol*, voire (avec suffixe fantaisiste) du *beaujolpif* : les trois se relèvent (et se boivent) dans les romans de René Fallet ; on y manie avec ardeur le *tire-bouch*.

Toutefois, l'apo a toujours précédé l'apoc. Parfois de beaucoup (*maxi*, 1893 ; *max*, 1977), parfois de peu (*congélo*, 1980 ; *congèl'*, 1990). *Prolétaire* (1748), abrégé en *prolo* (1883) puis tronqué en *prol* (vers 1990), est exemplaire de cette évolution linguistique, de son contexte générationnel, de sa signification ; le fait n'a pas échappé à un journaliste attentif à la langue :

1. Notons au passage l'intéressante surtroncation de *cinématographe*. Elle a donné par apo *cinéma*, devenu d'une part *cinèm'* par apoc et (couramment) *ciné* par apo, puis *cin'* par apoc.

> « On ne dit plus *prolétaire* (qui sent trop son Marx), ni même *prolo* (génération Cohn-Bendit), mais *prol* » (Michel Richard, *Le Point*, 14 mai 1990).

L'UMP est devenue Les Républicains, nom aussitôt abrégé en *Les Rep* ; il y a quelques années on eût dit *Les Répu*. Notre époque favorise donc bien l'abrègement consonantique ne respectant pas la syllabation. Une des rares aphérèses du français a même été abrégée ainsi : *bougnat* est devenu *bougne* (« je vais chez le *bougne* ») ; un phénomène de grande ampleur vient le confirmer.

APOC SUR APOC

En matière de surtroncation, nous avons vu cette apo se substituant à une autre :

– cinématographe → cinéma (1893) → ciné (1905).

Le cas est peu fréquent. Nous venons d'examiner une liste copieuse d'apocs succédant à une apo. Notre hypothèse d'une tendance contemporaine à la troncation consonantique nous semble prouvée par le phénomène, non moins important, des apocs continuant une apoc. C'est, pour Claudette Groud et Nicole Serna, un trait de la langue la plus contemporaine :

> « Il est à noter que, dans la plupart des cas, cette "surtroncation" se fait au profit d'une finale consonantique » (*De abdom à zoo*).

Certes, le phénomène a des racines anciennes. Il concerne même une des premières et des plus spectaculaires apocs : *rendève*, pour *rendez-vous*, relevée dès 1835 ; elle donne *rende* (« j'ai un *rende* ») en 1878. Nous y joindrons le *rendez-moi* (« filouterie qui consiste à exiger d'un commerçant la monnaie d'une pièce qu'on ne lui a pas donnée en paiement », comme l'explique l'excellent Gaston Esnault) ; attestée en 1836, l'expression devient *rendem* en 1883, puis *rende* (et, par suffixation fantaisiste, *rendèche, renduche* en 1886) ; le terme est dès lors équivoque, abréviation de *rendez-vous* et de *rendez-moi*. À la même époque, le mot *observation*, dans divers emplois, est tronqué avec constance :

observation

→ *observass* (« réprimande », 1881)

→ *observe* (« réprimande », 1894)

→ *obs* (« observation météorologique », 1918)

Le magazine *L'Obs*, de nos jours, arbore une modernité branchée qui date en fait d'un bon siècle. Enfin, au tournant du XXe siècle, le *pardessus* devient un *pardeuss* (1889), puis un *pard'* (1911).

Pour le reste, le phénomène est contemporain. Très général, il concerne des mots simples, des mots composés, des locutions.

– Mots simples

appartement	→	appart'	→	app'
célibataire	→	célibat'	→	célib'
cinématique	→	cinémat'	→	ciném'
climatisation	→	climat'	→	clim
configuration	→	config	→	conf'
imperméable	→	imperm	→	imper

préfecture	→	préfec	→	pref
production	→	produc	→	prod
punition	→	puniss	→	pun'
Suzuki	→	Suzuk'	→	Suz'
traduction	→	traduc	→	trad

Ces termes ont en commun l'apocope consonantique qui les affecte ; par ailleurs, ils sont de statuts divers. Ils appartiennent au vocabulaire (éventuellement un peu désuet) de l'école (*pun'* ; *trad*), aux lexiques professionnels (*conf'* ; *prod*), à l'usage familier (*clim* ; *pref*), à la langue « branchée », dont on ignore si les innovations seront adoptées (*app'* et *Suz'*) : elles nous intéressent en tant qu'innovations.

– **Mots composés**

congés payés	→	congés pay	→	cong' pay'
rédacteur en chef	→	rédac chef	→	red chef
social-démocrate	→	social dem'	→	soc' dem'

Ces termes font apparaître, en évolution, les deux possibilités offertes à la langue pour l'apoc des mots composés : tronquer soit l'un des deux (le premier : *conf de presse* ; le second : *blanc-cass*), soit les deux (*conf budg* ; *gross' path'*).

– **Locutions**

à cet après-midi	→	à c'taprèm	→	astap
à tout à l'heure	→	à tout à l'	→	à tout'

Les locutions sont un terrain de choix pour la troncation consonantique. Ces deux exemples sont précieux : ils montrent un effet redoublé. L'apoc érode peu à peu la longue locution *à cet après-midi*, la réduisant au bisyllabe consonantique *astap*, lequel, comme bien des troncats, est équivoque : il signifie également « à se... taper le cul par terre ». Quant à la locution *à tout à l'*, si elle devient très naturellement la « surapoquée » *à tout'*, qui n'est pas sans rappeler *à pluss'*, issu de *à plus tard*, elle connaît aussi un écrasement spectaculaire, par suppression de la partie médiane : *à t'tal*. Dans tous les cas, on obtient un bisyllabe s'achevant par une syllabe fermée (consonne finale). C'est bien le format des mots français contemporains, au respect duquel l'apocope consonantique (apoc) contribue grandement.

Après avoir mesuré son succès, il convient maintenant d'en établir la grammaire.

EXERCICES

1. Soit le mot *référendum*. Lui faire subir les troncations successives : apo puis apo ; apo puis apoc ; apoc puis apoc.

2. Procéder de même avec le mot *concupiscence*.

....

....

....

....

→ **Soluces p. 167**

Tronquer, de L'ORAL à L'ÉCRIT

La troncation est surgie de la parole : argot des truands, jargon des métiers, parlure légère et connivente de petits groupes humains. C'est dans la parole qu'elle naît chaque jour, trouvaille éphémère ou virale, qu'elle se déploie, s'échange et s'use. Si l'on finit par l'écrire (avec les problèmes de transcription que nous verrons), une forme tronquée appartient d'abord au français oral : elle en respecte les lois.

LA LOI DE LA PHONÉTIQUE EST DURE, MAIS C'EST LA LOI

En fait, un singulier irrespect est premier. Nous savons maintenant que le procédé de troncation consonantique, prioritaire de nos jours, a pour fondement une nouvelle syllabation du français.

La découpe classique du mot français en consonnes et voyelles C V / C V devient C V C / V : la consonne initiale de la syllabe suivante rejoint, pour la fermer, la syllabe précédente, segment du mot que conserve la troncation. Soit le terme *alimentation* : son apoc attestée *alim* suppose une découpe en syllabes non classique. La genèse de cette troncation est la suivante :

– a/**li**/men/ta/tion → a/**lim**/en/ta/tion → *alim*.

Le phénomène accompagne l'érosion progressive des mots. Dans le domaine de l'apo (troncation vocalique, respectant la découpe traditionnelle), *ci/né/ma/to/gra/phe* a donné *cinéma* puis *ciné*. Mais l'abrègement n'a pas continué et abouti à *ci* : la langue, pour des raisons qui tiennent au désir de fournir du corps au troncat, de ne pas le rendre totalement méconnaissable, a opté pour le changement de syllabation : *ci/né*, découpé en *cin/é*, est devenu *cin'*. De même, *ma/xi/mum*, longtemps abrégé en *maxi*, se dit aujourd'hui *max* (et non pas *ma*). Ce faisant, une loi primordiale de la phonétique française est enfreinte : tout francophone, en comptant sur ses doigts, savait syllaber. Elle a cédé devant une tendance forte à donner à tout mot français bref (mono- ou bisyllabique), notamment issu d'une troncation, une finale consonantique, en syllabe fermée. Cette disposition s'applique même en l'absence d'érosion du terme ; c'est ainsi que les *abdos* deviennent des *abdoms* tout en restant bisyllabiques, les *amphés* des *amphètes*, l'*asso* une *assoc'*, le *beaujo* du *beaujol*, la *copro* une *coprod* ; *Mono* se change en *Monop'*, *provo* en *provoc*.

Le lexique français acquiert ainsi un nouveau format : il se conforme à un gabarit de brièveté à finale consonantique, dont le respect devient supérieur à la pratique classique de la syllabation.

On en a pour preuve les groupes de deux consonnes. Certains comptent comme une seule consonne : le groupe est récupéré ; ainsi, *taxi*, issu par apo de *taximètre*, est prononcé *ta/ksi* : il est tronqué en *tax* ([taks]). La plupart des groupes de deux consonnes se répartissent autour de la coupe syllabique, qui passe normalement au milieu du groupe. La première des deux consonnes devrait suffire à fermer le troncat ; ce n'est pas toujours le cas. Soit le mot *intervention*, que l'on scande *in/ter/ven/tion* ; sa troncation est toute trouvée : une *inter*. Toutefois, c'est la forme *interv* qu'atteste le lexique de la police. Le phénomène est ancien (absinthe → *abs*, 1880), comme il est à la pointe de la néologie (ashkénaze → *ashk* ; incrustation → *incruste*) : nous considérerons qu'il appartient en propre au procédé de l'apoc. Celle-ci conserve le segment initial du mot, en l'achevant par une syllabe que ferme la consonne initiale de la syllabe qui suit, et que l'on abandonne. L'idéal du mot français est désormais C V C.

On en a un témoignage ultime dans l'apparition de consonnes postiches, qui viennent renforcer la finale : le mot, alors, acquiert une structure C V CC. Cela peut s'expliquer : *deg*, pour *dégaine*, se dit plutôt *degz*, afin d'éviter l'homophonie avec *deg* (pour *dégoûté* ou *dégueulasse*) ; *cop's*, de *copain*, attesté depuis 1955, et *mamm's* (*maman*), apparu récemment, se donnent un genre anglais (apostrophe). Le *s* du pluriel peut se faire entendre, renforçant la voyelle finale : les *pap's* désignent depuis 1977 les papiers d'identité ; de même, dans le cas d'un verlan tronqué, pour les *renps* (*parents*) et les *yeuks* (*couilles*). Ce type de verlan donne l'exemple d'une consonne ajoutée à seule fin de consolider la finale ; ainsi, les mots *bombe* et *quartier*, soumis au verlan puis à la troncation, donnent normalement :

– bombe → beubon → *beub*.

– quartier → tiékar → *tiek*.

En fait, on rencontre d'ordinaire *beubz* et *tieks*, ce dernier souvent dérivé en *tiekson*. Le *s* adjoint sert de support à un de ces suffixes postiches que nous avons vus plus haut : *tiekson* fonctionne en somme comme *boxon* ou *paqson*.

L'ASSOURDISSEMENT FINAL

Cette structure C V C (éventuellement C V CC) obtenue par syllabation nouvelle respecte les lois phonétiques du français. Plusieurs sont concernées.

Une première est ancienne : elle date de la formation du français ; on pouvait penser qu'elle avait depuis longtemps cessé de s'appliquer. Il s'agit de l'assourdissement des consonnes finales. Le français, comme le latin dont il est issu, possède des consonnes sonores (prononcées en faisant vibrer les cordes vocales : [b], [d], [g], [v], [z]) et des consonnes sourdes (sans vibration : [p], [t], [k], [f], [s], correspondant aux précédentes). En protofrançais, vers le VIIe siècle, les consonnes sonores devenues finales eurent tendance à s'assourdir (c'est-à-dire que les locuteurs ont cessé les vibrations en finale). Ainsi :

– le latin *navem*, devenu *nave* en latin vulgaire puis *nev* en protofrançais, a donné *nef* en français ancien puis moderne. Il en est de même du mot *clef*, issu de *clavem*, etc.

Il est curieux de constater qu'un phénomène semblable d'arrêt des vibrations est repérable dans la troncation consonantique. À la fin du XIXe siècle, sur *Plougastel* et autres communes bretonnes en *Ploug* (il en existe une quinzaine), on a fait *plouc* (« péquenot »), prononcé avec une consonne finale sourde, ce que confirme le dérivé *plouquesse*, attesté en 1918. De même, en 1926 apparaît *bric*, issu par apoc de *brigadier* (au sens de « surveillant de prison »), dérivé en *bricard*, toujours en usage. Par ailleurs, la langue populaire parisienne, au début du XXe siècle, a connu cette évolution :

derrière

→ dergeot (par apoc et suffixation)

→ derge (par apoc)

→ *derche* (par assourdissement de la consonne finale)

Le phénomène reste d'actualité. Le mot *anniversaire* fut d'abord tronqué en *anni* (apo), puis en *anniv* (apoc), forme devenue courante : « bon *anniv* ! ». Cette dernière est toutefois concurrencée par *annif*, que les réseaux sociaux font exploser : Google, Facebook nous proposent désormais d'envoyer, par un simple clic, une carte de « Bon *annif* ! » à nos « amis »[1]. Cette possibilité d'assourdissement final possède une sensibilité régionale. En France, le terme familier pour *université* est *fac* (« les *facs* sont en grève ») : on reconnaît la troncation consonantique du mot *faculté*, employé par métonymie (un élément pris pour l'ensemble : l'université est traditionnellement formée de facultés). En Suisse, on pratique tout simplement une apo : l'*uni* ; en Belgique, une apoc : l'*unif*, dont la consonne finale est prononcée de façon très clairement sourde : « j'ai terminé l'*unif* ». Il sera intéressant d'observer si le phénomène va s'étendre en France, le *mouv* (ement), par exemple, devenant le *mouf*, un *trav* (esti) un *traf*, etc.

UN *E* QUI N'EST PLUS MUET

L'autre question phonétique est celle du son propre au français que l'on appelle « *e* sourd », « *e* muet », « *e* caduc », « *e* instable », etc. L'instabilité de la dénomination reflète la versatilité du son et de son emploi. Il provient de l'affaiblissement d'une voyelle latine,

1. Il vient d'en résulter, sur ces mêmes réseaux sociaux, une large discussion polémique consacrée à la légitimité de la forme *annif* (avec *f* final). Elle montre qu'au royaume du tout-connecté, le purisme reste un jeune prince.

comme le *a* final, que l'italien, par exemple, a toujours conservé : le latin *mula* a donné le français *mule*, l'italien *mula*. Cet *e*, prononcé « sourd » et faiblement, est « caduc », car il tombe facilement : il s'élide (le arbre → l'arbre), disparaît dans la langue courante (je chanterai → je [chantrai]), et est absent à la finale. En effet, dès le XVIIe siècle, du moins dans la France du Nord (l'influence de l'occitan le conserve dans le Midi, jusqu'à aujourd'hui : « conguE, je chantE ! »), ce son est très assourdi (voire disparu) à l'intérieur du mot, et ne s'entend plus à la finale. Le fait est évident dans un groupe de mots :

– le père Noël → [lpèr] Noël.

Depuis le XVIIe siècle, on ne l'observe plus qu'à l'écrit, l'orthographe, fixée à l'époque, étant conservatrice. C'est là un des traits, insolites, du français. À l'oral, cette langue tend à la finale consonantique, notamment par chute du *e* sourd terminal : pour prendre ces mots à l'ouverture du *Petit Larousse* 2020, *abaisse, abaque, abattage* se prononcent avec à la finale [s], [k], [j]. Du moins, dans le français du nord de la France, source du « bon usage ». À l'écrit, en revanche, ces mots se terminent par la lettre *e*. On pourrait dire qu'à l'oral le français rime de façon masculine (consonne finale), qu'il rime de manière féminine (*e* sourd final) à l'écrit.

Cet *e* est dit « instable », car, au sein de la variété septentrionale du français, il peut réapparaître, pour des raisons externes (prononciation soutenue ; vers classique ; épellation ; colère : « jE tE dis que tu m'énervEs » ; etc.) et pour des raisons internes. C'est-à-dire pour des raisons qui tiennent à la nouvelle structure du mot, après troncation. Un cas simple en est le groupe de deux consonnes ; quand ce groupe se trouve à la finale, un *e* sourd prononcé vient servir d'« appui vocalique », facilitant la prononciation. Ainsi, la troncation du mot *bistrot* fait appel à un tel appui :

– bistrot → *bistre*.

Il en est de même des groupes de deux consonnes *gn, rg, dg, ls, tr, rt, st* que l'on relève dans ces troncats (de niveaux de langue variés) :

bargeot	→	*barge*
bougnat	→	*bougne*
bourgeois	→	*bourge*
budget	→	*budge*
cognac	→	*cogne*
concentration	→	*concentre*
falzar	→	*falz*
fortune	→	*forte*
incrustation	→	*incruste*
oignon	→	*oigne*

Le dernier exemple provient de l'expression *l'avoir dans l'oigne* (« dans le postérieur »). À ce propos, notons ce bel exemple de locution (daté de 1880) :

– en voilà des manières ! → en vlà des *magnes* !

Dans d'autres cas, le mot ayant été restructuré, cet [e] n'est plus en position intérieure mais en position accentuée. On sait qu'en français la dernière voyelle prononcée (à l'exception du *e* sourd final) d'un mot simple ou composé reçoit un accent :

– anan**as** pomme de t**e**rre rad**i**s sal**a**de.

La troncation promeut, en quelque sorte, un *e* intérieur en dernière voyelle prononcée et donc accentuée. Soit le mot *pardessus* ; on relève dès 1889 l'apoc suivante :

– pardessus → *pardeuss*.

(Cette dernière sera elle-même tronquée, vingt ans plus tard, en *pard'*.) La graphie *pardeuss* est pleine d'intérêt : elle rappelle qu'un *e* sourd, quand on le prononce distinctement, tend à passer à [eu]. Georges Brassens, dans sa chanson *Le Vin*, fait rimer la préposition *de* et le numéral *deux* :

« On se garde à vue,
En cas de soif, u-
-ne poire…
Une poire ou **deux**,
Mais en forme **de**
Bonbonne […]. »

La voyelle intérieure *e* de *pardessus*, déplacée sous l'accent, est prononcée [eu] : la graphie a noté le fait. Il en est de même, plus récemment, pour :

– barbecue → *barbeuc*.

(On grille la *barbaque* sur un *barbeuque*.)

Le phénomène touche également les mots composés ; ainsi, *mère de famille* subit une troncation faisant apparaître un son [eu] noté dans toutes les attestations que nous avons relevées :

– mère de famille → *merdeuf*.

Certes, cette *merdeuf* est une *meuf*, pourvue d'enfants ; mais elle respecte la prononciation française.

Il en est de même pour les locutions. *Que dalle* (« rien du tout »), qui possède un *e* sourd intérieur et peut se prononcer [qudalle] de façon très relâchée (avec chute de cet *e*), est régulièrement tronqué en *queud* :

– que dalle → *queud*.

Les dictionnaires et lexiques qui ont relevé cette troncation l'écrivent parfois *keud* ; mais tous emploient la graphie *eu*, preuve qu'ils ont entendu le son correspondant[1].

Un autre cas de prononciation explicite de ce « *e* sourd » final, sous forme de voyelle [eu], est le verlan tronqué, auquel nous consacrerons un chapitre. Il suffit de noter ici que ce procédé suppose l'émergence d'un [eu] final. Prenons le mot *meuf*. Comment dérive-t-il de *femme* ? Ce dernier terme est prononcé [fam] en français courant ; on pourrait donc s'attendre à un verlan (« envers ») de type [maf]. En fait, *meuf* est l'apoc de *meufa*, verlan de *fameu*, forme qui suppose la prononciation du *e* final du mot *femme*. Ce qui donne la genèse suivante :

– femme → fam**eu** → meufa → *meuf*.

Notons ce paradoxe : le verlan tronqué (propre à la « langue des cités ») suppose une prononciation soutenue, qui fait entendre le *e* sourd final, comme quand on dit des vers ou que l'on articule avec soin.

1. Notons ce traitement étonnant de la locution *comme ça*. Elle subit une verlanisation de l'ensemble, donnant *ça comme* ; puis une verlanisation de chaque élément, produisant *aç meco*, puis une troncation : aç meco → *asmeuk*. Le *e* sourd de *meco*, passé sous l'accent, est prononcé [eu] ; la graphie suit. Tout est cohérent.

Cette apparition du *e* est fréquente ; elle se rencontre, par exemple, dans :

jambe	→	jambeu	→	beujan	→	*beuj*
laide	→	laideu	→	deula	→	*deul*
louche	→	loucheu	→	cheulou	→	*cheul*
moche	→	mocheu	→	cheumo	→	*cheum*

Les formes *beuj, deul, cheul, cheum* sont régulières ; elles s'expliquent par la prononciation explicite, substantiellement vocalique, d'un ancien *e* sourd final.

La fréquence de ce son [eu] au sein des apocs issues de verlanisation tourne au procédé. On en a pour preuve des troncats provenant de formes qui ne possédaient pas de *e* sourd final. Le verlan « classique » pratiquait parfois déjà l'ajout d'un *e* sourd final : ainsi, *chnouf* (« drogue ») est prononcé [chnoufeu] et verlanisé *feuchnou*. Dans le cas du verlan tronqué, cet ajout est systématique : il sert d'appui. Prenons le mot *keuf*, passé dans la langue courante (et dans les dictionnaires) ; c'est une apoc de *flic*. Sa genèse suppose la prononciation, postiche en quelque sorte, d'un *e* sourd final, devenu interne à la forme tronquée et donc prononcé de façon vocalique :

– flic → flik**eu** → keufli → *keuf*.

On explique de même :

Black	→	blackeu	→	keubla	→	*keub*
Juif	→	juifeu	→	feujui	→	*feuj*
mec	→	mekeu	→	keumé	→	*keum*
sœur	→	seureu	→	reusseu	→	*reuss*

UNE VOYELLE DOIT ÊTRE OUVERTE OU FERMÉE

La dernière loi phonétique non seulement respectée, mais illustrée par le phénomène de troncation consonantique, est l'alternance des voyelles ouvertes et fermées en fonction de la syllabe.

Rappelons que le français (*oral*, tel qu'il est prononcé) dispose d'une double série de voyelles [e] et [o]. Elles sont fermées (comme la bouche qui les prononce) : *pré, pot*. Ou bien ouvertes (de même) : *près, pomme*. Le choix de l'ouverture et de la fermeture est notamment fonction de la syllabe. Rappelons également qu'une syllabe ouverte se termine (à l'intérieur ou à la finale du mot) par une voyelle (*pré/toire* ; *pré*) ; une syllabe fermée (idem) se termine par une consonne, éventuellement suivie d'un *e* muet non prononcé (*pres/tation* ; *presse*). Il s'agit d'une des grandes alternances de la phonétique française :

– syllabe ouverte → voyelle fermée : *pré, pot*.

– syllabe fermée → voyelle ouverte : *perd, port*.

Ce balancement participe à la construction des mots ; par exemple la conjugaison des verbes :

Syllabe fermée, voyelle ouverte	**Syllabe ouverte, voyelle fermée**
je complète	*compléter* ; *nous complétons*

ou, dans la dérivation nominale :

Syllabe fermée, voyelle ouverte	**Syllabe ouverte, voyelle fermée**
collège	*collégien*

On ne s'étonnera pas de voir cette alternance à l'œuvre dans la troncation consonantique. Celle-ci, on le sait, fabrique des syllabes fermées ; il faut donc s'attendre à un effet sur les voyelles.

Partons de cette phrase relevée dans le récit, par un militant de la CGT, du sauvetage de l'usine Moulinex : « Ce jour-là, la *Cégète* a fait des *adhèzes*. » Ces deux réductions spectaculaires respectent remarquablement la morphologie du français : la forme pleine comporte une syllabe ouverte et donc une voyelle fermée. Le troncat reçoit une syllabe fermée, la voyelle s'ouvre :

Syllabe ouverte, voyelle fermée	**Syllabe fermée, voyelle ouverte**
Cégété	*Cégète*[1]
adhésion	*adhèze*

Il est en de même pour la voyelle [o] : les deux mots suivants sont prononcés avec un [o] fermé ; leur apoc ouvre la voyelle :

Syllabe ouverte, voyelle fermée	**Syllabe fermée, voyelle ouverte**
brocanteur	*broc*
procureur	*proc*

Mais le plus souvent, il s'agit de la voyelle [e], dont l'ouverture rythme la troncation consonantique :

1. Nous avons là un bon exemple d'acronyme (sigle traité comme un nom) : la troncation s'y applique régulièrement. De façon comparable, pour des raisons de cryptage, la cocaïne peut se réduire à ses deux premières consonnes : la CC ; on prononce *céssé* et on tronque en *cess* (avec *e* ouvert).

Syllabe ouverte, voyelle fermée	Syllabe fermée, voyelle ouverte
agrégation	*agrèg*
amphétamines	*amphètes*[1]
bénéfice	*bénef*
cafétéria	*cafète*
compétition	*compète*
crédit	*crèd*
débile	*dèbe*
débutant	*deb*
déchéance	*dèche*
définitif	*dèf*
dégueulasse	*dèg*
déjeuner	*dèj*
démission	*dèm*
dessin	*dess*
élémentaire	*élèm*
jésuites	*jèzes*

1. Observons que le mot a connu d'abord une troncation vocalique, qui respectait par définition la coupe syllabique et donc la fermeture de la voyelle : des *amphés*.

léger	*lège*
multimédia	*multimède*
perpétuité	*perpète*
pétard	*pèt*
postérieur	*postère*
préfecture	*prèf*
préparation	*prèp*
relégation	*relègue*
rendez-vous	*rendève*
répétition	*répète*
sous-développé	*sous-dève*
Stéphanie	*Steph'*
survêtement	*survête*
variété	*variète*
zéphyr	*zèfe*

Ajoutons à ces substantifs et adjectifs quelques verbes. *Pisser* donne le verlan *sépi* (avec une voyelle fermée), tronqué en *sèp* (voyelle ouverte). De même (si l'on ose dire) : péter → tépé → *tèp* ; chier → yéchi → *yèche*.

Ce balancement s'aperçoit dans l'évolution du mot *pédéraste* (dont l'usage peut être réprouvé ; la morphologie seule nous importe ici). Ses transformations sont impressionnantes ; *pédéraste* a connu :

– à date ancienne (XIXe siècle), des troncations vocaliques, sans effet sur la voyelle, donnant *pédéro*, *pédé* et son dérivé suffixal *pédoque* ;

– récemment, la troncation consonantique de la forme *pédé*, fermant la syllabe et ouvrant la voyelle : *pède* ;

– plus récemment encore, une verlanisation de *pédé*, donnant *dépé* (voyelles fermées), laquelle a subi une apoc en *dèp* (avec voyelle ouverte) ;

– enfin, un verlan classique (*raste-pédé*), dont les deux éléments ont subi une apoc, la seconde adoptant une voyelle ouverte : *ras-pèd*.

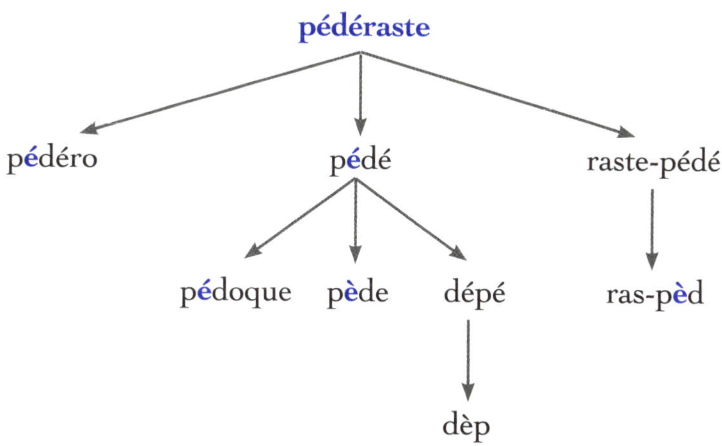

Bon nombre de ces troncats se terminent sur une consonne suivie d'un *e* muet, c'est-à-dire l'ombre d'un appui vocalique. Avec la brièveté, c'est un des traits majeurs de l'apoc. Celle-ci tend à former des mots mono- ou bisyllabiques s'achevant, pourrait-on dire, dans une douceur consonantique, le repos d'un *e* sourd. C'est pourquoi des formes telles que le *rendève* de Vidocq ou la *gardave* de nos policiers nous semblent exemplaires. Que perd-on avec ces abrègements ? Un seul son vocalique : rendez-vous → *rendève* (perte : [ou]) ; garde à vue → *gardave* (déficit : [u]) ; c'est-à-dire rien. Leur motivation est autre : il ne s'agit pas d'économiser [ou] ni [u], mais de déplacer l'accent. Après la troncation, ce n'est plus sur ces voyelles, alors finales, qu'il porte, mais sur celle qui précède, devenue finale :

– rendez-v**OU**s → rend**È**ve.

– garde à v**U**e → gard**A**ve.

Rendève et *gardave* appartiennent à un tout autre type de mot, plus court, autrement accentué, diversement terminé ; ils rejoignent un format, désormais favorisé, de mots français[1].

L'apoc a pour effet, notamment, nous venons de le voir, de créer des mots français terminés en *-ète* (*e* ouvert, *t* final, *e* muet non prononcé), sur un modèle familier à la langue. *Amphètes*, *cafète*, *cégète*, *compète*, *perpète*, *répète*, *survête* rejoignent *analphabète*, *arbalète*, *athlète*, *comète*, *diabète*, *diète*, *interprète*, *planète*, *poète*, *préfète*, *prophète*, *proxénète*, etc. Leur graphie est toute trouvée.

L'ÉCRIT FAIT DÉSORDRE

En avril 2019, une indiscrétion révéla que la tête de liste de La République en marche aux élections européennes avait mêlé son nom, dans sa jeunesse, à des candidats d'extrême droite ; elle nia. Réplique amusée de la tête de liste du Rassemblement national : « Nathalie, paye ta *cotise* ! » Tels sont ses propos rapportés par un journaliste du *Monde* (25 avril 2019). La boutade était si plaisante qu'elle fut reprise en intertitre de l'article, sous la forme :

1. Par ailleurs, le substantif *gardave* est formellement proche des nombreux verbes que le langage des cités a empruntés au romani (langue tsigane) : *bédave* (« fumer un joint »), *bicrave* (« vendre »), *bouillave* (« faire l'amour »), *chourave* (« voler »), etc.

« Nathalie, paye ta *cotis'* ! » L'auteur de l'intertitre avait choisi une autre graphie.

Le moins que l'on puisse dire est que l'idée de choix n'est pas intrinsèque à l'orthographe du français. Tout au contraire, à tort ou à raison, on considère que la graphie est strictement codifiée, ses règles et exceptions dûment répertoriées, leur respect scrupuleux requis : toute variation est une faute, toute faute une indécence. En matière de transcription écrite, la troncation a tout contre elle : elle naît et vit de l'oral ; elle est par essence en constante innovation ; les grammairiens ne lui ont guère prêté de sollicitude. Elle échappe à l'orthographe, comme le trappeur au Code de la route. Pourtant les journalistes citent des propos, les romanciers emploient des formes, les dictionnaristes valident des néologismes ; la question de l'écrit se pose donc bien.

On la résout dans un désordre qui s'accompagne toutefois d'une émouvante, quoique brouillonne, tentative de régularité. Celle-ci n'est pas sans rappeler les premiers textes français, rédigés au IXe siècle (*Serments de Strasbourg*) : il s'agissait alors d'écrire une langue nouvelle avec un alphabet (latin) conçu pour une autre ; on bricolait. Comme dans ces écrits pionniers, l'instabilité des formes est frappante : un même troncat peut être transcrit de plusieurs façons, parfois dans le même texte. Au cours de nos dépouillements, nous avons relevé :

– après-m → après-m' → aprèm → aprèm' → aprème.

– compil → compil' → compile.

Et ainsi de suite : la variation, si l'on ose dire, est constante. Elle tient à un autre caractère : la pluralité des procédés possibles de transcription. Trois sont possibles.

– Tout d'abord : **rien**. Les premières troncations relevées, au XIXe siècle, procédaient majoritairement de la sorte : le segment initial du mot était conservé et transcrit comme tel. Rappelons les abrègements de Vidocq : *aff* (aire), *autor* (ité), *cab* (ot), *comm* (erce), *maqu* (ereau), etc. Le procédé est simple et naturel ; c'est lui qui gouverne la graphie des troncats entrés dans la langue courante. *Exam, maths, prof, pub, récup, rédac, réduc, tram, transat*, etc., sont des mots du français (ils prennent un *s* au pluriel), que l'on emploie sans avoir toujours le sentiment de leur nature ; ils sont intégrés à la langue et à sa graphie. Ne rien ajouter : c'est le procédé qu'il convient, à l'évidence, de privilégier.

– Ensuite, une intervention sur la **graphie** se relève fréquemment. Nous avons vu l'apparition d'un *è* (adhésion → *adhèze*), très régulière depuis le splendide *rendève* de 1835. Elle traduit également le désir de faire entendre la consonne devenue finale. Bien des cas peuvent se présenter ; nous en illustrerons quelques-uns, à titre d'exemples.

La consonne d'origine avait une graphie particulière : on la régularise dans l'apoc. C'est ce que présente la toute première troncation consonantique (1790) : *dauphin*, au sens de « pince de cambrioleur », tronqué, est écrit avec double *ff* :

– dauphin → *dauffe*.

À la fin du XIXe siècle, le chapelier parisien Desfoux commercialisait une casquette appréciée des truands ; on l'appelait (puis toute casquette en général), par métonymie et correction finale, une *deffe* :

– Desfoux → *deffe*.

De même, un *s* intervocalique sonore, prononcé [z], devenu final, peut recevoir une graphie conforme à sa sonorité. Parallèlement à *jèses* et à *occase*, on rencontre fréquemment :

– jésuites → *jèzes*.

– occasion → *occaze*.

La lettre *z* est sentie comme la transcription naturelle du son [z] : la *Cégète* fait des *adhèzes*, le jeune cadre une « *prez* Powerpoint ».

Les mots que termine le suffixe *-tion*, prononcé [ssion], ont un troncat fermé en [s] : la plupart du temps, la graphie suit :

conditionnelle	→	*condice*
émotion	→	*émoss*
hallucination	→	*halluss*
observation	→	*observass*
prévention	→	*prévence*
promotion	→	*promoss*
punition	→	*puniss*
situation	→	*situasse*
solution	→	*soluce*
tradition	→	*tradiss*

On explique ainsi des formes comme *manusse* (apoc de *manuscrit*), et les graphies finales du verlan tronqué :

cité → téci → *tess*

salaud → laussa → *lauss*

sœur → reusseu → *reuss*

Le son [k] final de la forme abrégée peut poser un problème. Anciennement, la lettre *c* de la forme pleine était conservée :

bas du cul → *basduc*

piège à cons → *piège'ac*

trou du cul → *trouduc*

De nos jours, et notamment dans les locutions et le verlan tronqué, la graphie *k* semble de rigueur :

à ce qu'il paraît → *askip*

couilles → yeucou → *yeuks*

« On s'en bat les *yeuks*. » À ce propos, citons la charmante déclaration de Hafsa Askar, vice-présidente de l'Unef, en date du 15 avril 2019, au sujet de l'incendie de Notre-Dame : « On s'en *balek* objectivement. » La polémique qui suivit eut l'effet de répandre l'expression (qui orne désormais des T-shirts), et de valider la graphie finale en *k*, aux dépens de la forme « on s'en bat *lec* », couramment attestée jusque-là.

Ce qui invite à réfléchir à cette lettre *k* en français. Bien qu'on la trouve dans des mots parfaitement courants (*kabyle, kaki, kaléidoscope, kangourou, kaolin, karaté*, etc., sans oublier les *kilo-* et *kiné-*), elle semble étrangère à l'orthographe du français ; pensons à l'usage iconique qu'on en fait dans *kollabo*, où s'inscrit une germanité agressive. Cela tient à son usage pour transcrire des mots d'origine étrangère (notamment arabes : le digramme *kh* ; mais aussi beaucoup de mots anglais), des termes issus du français (notamment créoles ; on sait par ailleurs que le choix entre *canaque* et *kanak* n'est pas innocent), une néologie qui peut sembler provocante. De fait, les troncations les plus récentes et les plus spectaculaires (verlan, locutions) ont tendance à recevoir (ou à brandir) une graphie qui affiche son altérité. La lettre *k*, employée alors comme un *xénisme* (signe ou mot étranger présenté comme tel), devient une marque de l'apoc contemporaine. D'où son usage également à l'initiale du mot. Nous avons vu que la locution tronquée *queude* (tirée de *que dalle*), attestée à partir de 1992 (« y fiche *queude*, ça vaut *queude* »), tend à s'écrire *keud* : c'est ainsi que les « lexiques des banlieues » les plus récents la répertorient. Elle vient rejoindre les nombreux termes issus de verlan par troncation, offrant à l'initiale un son [k] sans exception transcrit par *k* (jamais par *qu*) :

ken	←	queni	←	niquer
keuch	←	queuché	←	chèque
keuf	←	keufli	←	flic
keum	←	keumé	←	mec
keusse	←	keussa	←	sac
keut	←	keutru	←	truc
kinf	←	kainafri	←	africain
krom	←	kroma	←	maquereau
ksit	←	ksita	←	taxi

L'intervention graphique sur le troncat a pour fonction principale, nous l'avons dit, de faire entendre la consonne devenue finale. Ce qui explique, pour finir, l'usage abondant d'un *e* sourd postiche. Certes, dans bien des cas, la consonne n'est pas équivoque ; les graphies montrent, de la part du scripteur, une bonne perception de la langue : *agrèg*, *pub*, *tram*, etc., ne sont pas ambigus, les consonnes *g*, *b*, *m* se lisant distinctement. Mais un *t* final, par exemple, peut être pris pour une terminaison muette. Ainsi, l'apoc *perpète* de Vidocq (pour *perpétuité*) emploie un *e* final : elle s'épargne l'ambiguïté de *perpet*, qu'on pourrait lire [perpè] ; cette graphie est devenue la norme. L'habitude s'en prend au cours du XIXe siècle ; on relève par exemple :

conversation	→	*converse*
distribution	→	*distribe*
explication	→	*explique*
manutention	→	*manute*
poteau	→	*pote*
prévention	→	*prévence*
réclusion	→	*recluse*
relégation	→	*relègue*

La langue n'a pas cessé de pratiquer le soutien vocalique à la consonne finale, produisant quelques spécimens remarquables ; ainsi : *divise* (commissaire divisionnaire) ; *illuses* (illusions, Alphonse Boudard) ; *interpelle* (interpellation) ; l'*Occupe* (Occupation allemande, 1940-1944) ; *provise* (proviseur).

« Tu travailles plus à la campagne ? – Ben si ! mais ma bagnole est en *répare*... alors je travaille sur Paris... je crèche chez un copain à la Bastoche... » (Victoria Thérame, *Hosto-blues*).

Et l'on relève bon nombre d'alternances avec la consonne seule : *champ* / *champe*, *estom* / *estome*, *perm* / *perme*, etc. Le procédé est d'autant plus élégant que la forme produite existe déjà dans la langue, ce qui est le cas de *converse*, *explique*, *interpelle*, *occupe*, *relègue*, *répare*. Une fois encore, la troncation consonantique tend à se conformer à un modèle existant : la *perpète* menace le *proxénète*. L'adjonction d'un *e* final signe l'intégration du mot.

– L'**apostrophe** s'est répandue dans les troncations à la fin du XIXe siècle, fournissant d'intéressants exemples : les *bat' d'Af'* (bataillons d'Afrique), le *boul' Mich'* (boulevard Saint-Michel), un *caf' conc'* (café-concert), le *Vél' d'Hiv'* (vélodrome d'Hiver). Elle exprime sans doute, à cette date, la conscience d'un phénomène nouveau dans la langue, de son ampleur, du désir de le noter : pour cela, l'apostrophe est toute trouvée. Depuis le XVIe siècle, ce signe diacritique emprunté au grec marque en effet les diverses élisions, que l'on se contentait jusqu'alors d'agglutiner (il nous en reste *gendarme*, *davantage*, la ville de *Lille*, etc.). Ces élisions sont fréquentes et concernent plusieurs catégories de termes (*l'*ami *d'*Alain ignore *s'*il *m'*invite) : le français est sans doute l'idiome qui fait le plus grand usage de ce signe. En outre, depuis la Renaissance, la fortune de l'apostrophe n'a fait que croître ; bien plus que l'accent circonflexe, elle note de nos jours toute disparition, réelle ou supposée, d'un son, d'une lettre, d'un segment de mot. C'est ainsi que, depuis Émile Zola, Francis Carco, Henri Barbusse, etc., les romanciers marquent les élisions qu'ils entendent dans la langue du peuple : *j'suis*, *j'vais*, *t'es*, *t'as*, *t'entends*, *c'vieux*, *l'pinard*, *M'dame*, etc.

Ce goût pour l'apostrophe s'est trouvé renforcé par l'anglomanie. L'anglais fait usage d'un tel signe pour le « génitif saxon », présent dans quelques anglicismes (*traveller's cheques*, *gentleman's agreement*) et des enseignes connues (*McDonald's*, *Levi's*). Ce signe « fait anglais ». En témoignent les faux anglicismes, comme l'insupportable *pin's*, et l'« apostrophe commerciale » (pour reprendre une expression du linguiste Mat Pires) qui sévit dans les noms de produits, raisons commerciales, enseignes. Citons, sans commentaire, parmi d'innombrables monstruosités : *Cathy' coif*, *Croq' o' pain*, *Fem'chic*, *Jos'hair*, *Mod's Cigarett's*, *Monmartr' crèmerie*, *Pom' Panach'*, *Prim' saveur*, *Tavern' pub*, et naturellement *Apos'Strophe et Gram'hair*. Certaines de ces apostrophes commerciales notent à l'évidence des apocopes : ainsi *Diff' Mouv'*, *Lav'matic*[1], *Trans' dem* ; elles sont grotesques, mais ne se distinguent pas de l'emploi général de l'apostrophe au service de la troncation.

L'emploi de ce signe diacritique, véritable circonflexe de la modernité, semble naturel au scripteur qui veut noter l'origine abréviative du néologisme qu'il transcrit. Cela explique les alternances (*champ* / *champ'*, etc.) que nous avons évoquées ; cela éclaire la faveur dont en jouissent certains abrègements. Notamment les mots composés : une double troncation ne passe pas inaperçue. Nous avons vu *bat' d'Af'*, *caf' conc'*, *Vél' d'Hiv'* ; ajoutons ces doubles apocs, apparues au cours du XXe siècle ou récemment :

Bottin mondain	→	*Bot' mod'*
congés payés	→	*cong' pay'*

1. « Cela me ramenait invinciblement à cette blanchisserie dans mon quartier qui s'appelle LAV' IMPEC dont le mystère n'est pas épuisé, expliqué par le raccourci, l'économie des phonèmes, si caractéristique de cette année où nous sommes » (Aragon, *Blanche ou l'Oubli*).

Figaro Magazine	→	*Fig' Mag'*
roman policier	→	*rom' pol'*
social-démocrate	→	*soc' dem'*

Doublement apostrophées, elles arborent leur tronquitude[1].

Pour le reste, c'est-à-dire les troncats simples, le sentiment du scripteur est souverain. Certes, on peut comprendre que la *Cour de cass'* (ation), juridiction la plus élevée, ne soit pas une *Cour de casse*, ce dernier terme, apoc de *cassement*, désignant depuis 1899 un cambriolage avec effraction. Mais depuis les années 1890, *bath* et *bat'*, *à l'estome* et *à l'estom'*, *mêlé-cass* et *mêlé-cass'* (mélange d'eau-de-vie et de cassis) sont en concurrence ; il en est de même, plus tard, pour cinq heures du *mat* et du *mat'* ; et, plus récemment, pour *budge* et *budg'*, la *clim* et la *clim'*, etc. La liste en est sans fin : chaque graphie dépend de la fréquence du troncat, de son intégration à la langue, de la perception que le scripteur en a ; de l'air du temps, aussi.

En matière de notation d'un abrègement, la mode serait-elle à l'apostrophe[2] ? Depuis les années 1950, la Brigade criminelle est, pour ses membres, la [Crim]. Ce service de police a été plusieurs fois éponyme. En 1947, Gilbert Gil réalise le film *Brigade criminelle*. En 1983, un film de Philippe Labro est intitulé *La Crime* ;

1. Un partisan de la langue châtiée peut s'en offusquer. Voir ces lignes de Pierre Bourgeade, dans le *Figaro Magazine* du 5 septembre 1987 : « Nos lecteurs en vacances n'oublient pas l'imparfait du subjonctif (ne devrait-on pas dire, en 1987, *l'imparf' du subj'*, comme on dit *L'Huma*, *Libé*, *Le Nouvel Obs*, *Le Fig' Mag'*, *Steph' de Monac'*, la langue parlée cherchant, de toute évidence, à acquérir, par la pratique de ces abréviations, un laconisme et peut-être un "chic" qui la rendrait aussi adaptée à l'époque que l'anglais ?). »

2. Les cinq cents formes tronquées relevées récemment (1985-1995) par Claudette Groud et Nicole Serna comportent 107 apostrophes.

entre 1999 et 2006, France 2 diffuse une série policière, créée par Jeffrey Frohner et Martin Brossollet : elle a pour titre *La Crim'*. Au-delà du désir de singulariser les intitulés, une tendance se fait jour : on passe de la forme pleine à l'abrègement, d'un *e* final à l'apostrophe. De même qu'elle fait anglais, cette dernière « fait moderne » ; ou plutôt elle renforce, en les rendant iconiques, l'allure actuelle (parce que brève et rapide), l'aspect complice (l'abrègement est partagé par celles et ceux qui sont dans le coup), la démarche sans façon (une langue toute simple) de la troncation contemporaine. C'est tout cela que l'on retrouve dans *Monop'*.

Les premières années 1960 virent fleurir le « style *Prisu* » : gai, sans prétention, mais de qualité (« le beau au prix du laid »). La troncation traduisait, dans la langue familière puis dans la publicité de la marque, qui sut avec bonheur s'en saisir, la connivence bon enfant de celles et ceux qui n'hésitaient pas à se fournir « chez *Prisu* » en espadrilles, pantalons de toile, robes estivales, etc. Mais cette troncation passait alors par l'apocope vocalique : *Prisu*/nic. En 1997, *Monoprix* achetait *Prisunic* (ainsi qu'*Uniprix*) et généralisait son nom, que la langue courante allait abréger en *Monop'* : l'hégémonie de la troncation consonantique était passée par là. Les responsables et publicitaires de la marque surent, de nouveau, s'en saisir : en 2005, ils lancèrent l'enseigne *Monop'* (puis *Monop'daily*, *Monop'beauty*). L'emploi de la forme tronquée, mêlée d'un anglais de pacotille, entendait signifier, cette fois, la connivence des « bobos urbains » clients d'un magasin de proximité, commode (ouverture nocturne), mais de qualité : le « concept » *Monop'*. Trois ans auparavant, *Décathlon* avait discrètement lancé une enseigne de centre-ville, en surface moyenne, limitée au textile sportif, à la chaussure, etc. : *Décat'*. La troncation accompagnait le commerce revenant au cœur des villes et à la taille humaine, privilégiant la simplicité pratique et familière. Mais cette troncation était désormais consonantique. Elle s'ornait également d'une apostrophe, signe de la modernité abréviative ; on sut l'exploiter. En 2013, Monoprix abandonnait le logo en usage depuis sa fondation (un *M* inscrit dans un losange), au profit d'une apostrophe. Comme le déclarait alors M. Hubert Hémard, directeur général adjoint en charge du marketing, dans le style fleuri de sa profession :

> « Nous avons fait tomber ces murs pour illustrer la relation au-delà du magasin sur tous les canaux. Nous avons choisi l'apostrophe de *Monop'*, sigle déjà présent dans notre ADN et l'avons restylisé. »

Cette apostrophe rouge, tout en rondeur, dessinée par une agence anglaise (il n'est point de hasard), est censée symboliser l'ouverture et la relation, le lien étroit de la marque avec sa clientèle. Symbole du groupe tout entier, mais issue de l'enseigne *Monop'*, extraite d'une forme abrégée, elle entend connoter également le dynamisme branché, la brièveté contemporaine, la familiarité badine de la marque.

Passant, lève le regard : aux murs de la ville, tu verras suspendue l'icône de la troncation. Le français d'aujourd'hui est au coin de la rue.

QUE CHOISIR ?

Rétif aux modes, nous ne suivrons décidément pas celle de l'apostrophe. Par dégoût de l'anglicisme d'opérette, dont elle est en partie issue et dont elle peine à se distinguer ; et surtout par estime pour la langue française. Celle-ci pratique désormais une apoc généralisée ? C'est son affaire ; nous verrons in fine que sa motivation n'est pas illégitime. Elle opère en outre suivant des procédures régulières, qui produisent de nouveaux mots français : prenons-en acte.

Dans son emploi le moins frivole, l'apostrophe fonctionne actuellement comme signe de nouveauté, indice de création néologique. Elle n'est pas sans rappeler le trait d'union en usage pour les mots composés. L'Académie française, dans son dictionnaire, écrivit d'abord (XVIIe siècle) : *porte-faix*, *porte-feuille*, *porte-manteau* ; puis, à la fin du XVIIIe, considérant que ces néologismes étaient passés dans la langue, elle en fit des mots véritables en les soudant : *portefaix*, *portefeuille*, *portemanteau* (*porte-monnaie* attendant son tour). En compagnie du Conseil supérieur de la langue française, elle recommanda, à la fin du XXe siècle (décembre 1990), un usage transitoire du trait d'union dans les néologismes composés, et la soudure dans le stock actuel (écrivons *portemonnaie* !). Si la Compagnie s'aventurait à examiner le français contemporain, nul doute qu'elle adopterait la même attitude. La troncation, toutefois, est peu de son goût[1] ; nous déciderons donc à sa place.

La personne intertitrant l'article du *Monde*, le 25 avril 2019, « Nathalie, paye ta *cotis'* ! », n'avait sans doute jamais entendu le terme : elle eut le réflexe « apostrophe ». Cette réaction peut se comprendre, tant l'emploi de ce signe diacritique est ancien et répandu dans notre langue ; mais d'un réflexe, on peut se déprendre. L'auteur de l'article, familier des milieux politiques et syndicaux, ne devait pas ignorer ce troncat de militant ; il avait écrit : « Nathalie, paye ta *cotise* ! » Nous ferons comme lui, pour deux raisons. La première est brutale ; l'apostrophe, en français, ne s'emploie pas à la finale absolue d'un mot, mais toujours en composition, quel que soit le niveau de langue : « il *m'a* trahi,

1. Sur son site « Dire et ne pas dire », on ne trouve, au sujet de l'apocope, qu'une anecdote plaisamment rapportée par Frédéric Vitoux. En commission du dictionnaire, Jacqueline de Romilly, montée sur ses grands chevaux, obtint, par un vote, l'exclusion de la forme *récré*, prévue en annexe de l'article « récréation ».

*j'vas l'co*gner ». Une graphie telle que *la Maub'*, pour la place Maubert, apparue au XIXe siècle, est une innovation que l'anglolâtrie moderne a rendue virale ; on n'en modifiera pas pour autant les règles d'emploi de ce signe diacritique. C'est d'autant moins nécessaire que – seconde raison – d'autres moyens, plus conformes, sont disponibles. Nous les avons vus : l'absence de tout signe, qui convient dans bien des cas (*la Maub*), dès lors que la consonne finale s'entend sans équivoque ; l'adjonction d'un *e* sourd, qui fait prononcer la consonne et apporte au mot français cette brume vocalique finale qui lui est particulière (*la Maube*). Car tel est bien le débat. Soit on rejette hors de la langue, de la norme, de l'attention grammairienne ces formes tronquées, tenues pour incohérences, monstruosités et scories. Soit on les considère, au vu de leur formation, de leur fréquence, comme des néologismes français, et il convient de les écrire ainsi. Leur admission dans la langue doit s'accompagner d'une graphie conforme.

EXERCICES

1. Proposez une apoc de *saute-dessus* (policier chargé des flagrants délits) ; en justifier la graphie.

2. Faire de même pour : *bédé* (bande dessinée), *cohésion*, *paire de fesses*.

3. Proposez plusieurs apocs, et plusieurs graphies, pour le mot *variation*.

4. Suggérez une enseigne abrégée pour la marque *Auchan* et devenez riche.

....

....

....

....

....

....

....

....

....

....

....

→ **Soluces pp. 167-168**

Grammaire de la TRONCATION

Le mot *grammaire* a été choisi à dessein. Pour les puristes (et nous le sommes tous un peu) comme pour l'opinion commune, la langue familière, le registre relâché, le parler populaire, le langage des cités sont les étapes d'une fâcheuse dégradation. Le refrain est bien connu : il fait la fortune des éditorialistes de l'apocalypse, des essayistes du déclin : le français se délabre, se corrompt, se meurt ; c'en sera bientôt fini de lui. C'est ce qu'affirmait déjà, empreint d'une vive alarme, … Voltaire. Ses craintes eussent été fondées qu'il n'y aurait plus aujourd'hui le moindre francophone. Or l'agonisant jouit d'une santé de fer. Depuis que le français est issu du latin, au IXe siècle, on ne l'a jamais autant parlé (près de 300 millions de locuteurs), autant écrit (des millions de pages sur l'Internet), autant étudié (100 millions d'apprenants). Serait-ce donc une question de qualité ? Il importe de rappeler un fait : la langue du peuple ne fut jamais celle des élites, source du « bon usage », de la variété prestigieuse, de la norme écrite. Mais cette parlure populaire laissait peu de traces, la littérature s'en faisant un faible écho, les « médias » étant encore inexistants. Ils sont omniprésents de nos jours, diffusant, voire affichant, non sans une provocation qui peut nous agresser, une parole affranchie qui paraît hors norme. Elle n'est pourtant pas si différente, sur le fond, des quelques bribes de langue argotique ou populaire dont nous disposons à date ancienne : jargon de François Villon, parler parisien des mazarinades, argot de Vidocq. Elle est seulement plus médiatique, florissante et magnifiée pour des raisons qui ne sont pas toujours estimables.

Ne cédant au réflexe puriste, nous n'adopterons pas pour autant la posture démagogique, un rien « Marie-Chantal se dévergondant », de l'émerveillement béat devant la zone et ses jargons. Ne *kiffant* pas spécialement le parler *caillera*, manquant de tendresse pour le minimalisme langagier des ados, nous nous emploierons à faire notre travail de linguiste. Du point de vue de la science, chaque variété de français est du français. Laissant à d'autres le soin de juger une variété atypique, nous nous contenterons de l'analyser, posant qu'elle suit les règles fondamentales de la langue (notamment en morphologie), qu'elle augmente de ses procédés propres. Autrement dit, il n'est pas de registre, idiotisme, dialecte, etc., même fort éloigné de la norme scolaire, qui soit totalement invertébré, anarchique, dément. Chacun possède ses régularités, si insolites qu'elles semblent, auxquelles les locuteurs obéissent et qui gouvernent sa néologie. Le rôle du linguiste est de pointer le système dans l'informe et l'inarticulé, d'extraire la règle de l'apparent chaos, de sauver l'honneur du langage.

La faveur du français actuel pour l'abrègement des termes et leur consonantisme final n'est pas contingente. Elle s'inscrit dans une histoire, possède une logique, met en œuvre des procédés réguliers : elle se conforme à une grammaire. Il est permis de la réprouver ; on ne saurait toutefois méconnaître sa rigueur. Étant donné, en outre, son succès prévisible dans les années à venir, il est hasardeux d'en ignorer le fonctionnement.

Nous venons d'en avoir un bon exemple avec la phonétique de la troncation. S'accompagnant d'une syllabation particulière, elle respecte par ailleurs les grandes règles de la prononciation française. Il en est de même pour la grammaire proprement dite, qui régit la formation du mot et son emploi.

CE QUE L'ON TRONQUE

Nous sommes bien en présence d'une variété nouvelle de la langue française. Certains dictionnaires, descriptifs et non puristes, ont admis des troncats, considérant qu'ils sont entrés dans l'usage. Historiquement d'abord, des apos (troncations vocaliques respectant la coupe syllabique) : *auto, cinéma, kilo, météo, métro, photo, pneu, radio, taxi, vélo*, etc. Puis des apocs (consonantiques), procédé qui a pris le dessus : ainsi *anar, bénef, came, fortifs, hasch, maths, périph, prof, réac, récup*, etc., figurent dans le *Petit Larousse*. Consécration, le 4 octobre 2018, la Commission d'enrichissement de la langue française (dont les suggestions sont validées par l'Académie française) a proposé, comme équivalent français de *fake news*, l'excellent *infox*, « forgé, dit le communiqué, à partir des mots *information* et *intoxication* ». En fait, ce néologisme adroit a pour base la troncation *intox*, en usage depuis les années 1970, qui est ainsi reconnue.

Que le procédé de troncation consonantique concerne aujourd'hui l'ensemble de la langue, nous en trouvons une preuve en examinant les matériaux du procédé. Qu'abrège-t-on, en français ? À peu près tout.

Les principales catégories grammaticales sont touchées : cette généralisation catégorielle est un des signes de l'universalisation du phénomène. Les linguistes qui ont examiné la troncation n'ont pas manqué d'observer que l'apoc apparut chez les substantifs, qui furent son domaine d'élection au XIXe siècle. Quelques **adjectifs** furent créés à la fin du siècle, puis au cours du XXe : *branque*/ignol, *cap*/able, *der*/nier, *diff*/icile, *formid*/able, *impec*/cable, *morfal*/oux, *paff*/é (« ivre »), *réac*/tionnaire, *régul*/ier, *sensass*/ionnel, *trans*/cendant, etc. De nos jours la troncation concerne pleinement la catégorie de l'adjectif ; nous avons relevé récemment :

blasé	→	*blase*		
débile	→	*dèb*		
décontracté	→	*décontracte*		
déglingué	→	*dégling*		
dégriffé	→	*dégriff*		
déterminé	→	*déter*		
fracassé(« épuisé »)	→	*fracasse*	→	*frac*
génial	→	*gen'*		
hypocrite	→	*hypoc*		
industriel	→	*indus*		
irrécupérable	→	*irrécup*		
léger	→	*lège*		
mongolien (« idiot »)	→	*mong*[1]		
nouveau	→	*nouv*		
ringard	→	*ringue*		
séronégatif	→	*séronèg*		

1. Il est à noter que jusqu'ici l'adjectif *mongolien* subissait plutôt une aphérèse (*gol*), une aphérèse dupliquée (*gogol*) ou une suffixation fantaisiste (*mongolito*).

sous-développé (« idiot ») → *sous-dève*[1]

surexposé → *surex*

vexé → *vex*

Les écoliers, qui disaient « je suis *prem'* » depuis longtemps, viennent de compléter la série : « tu es *deuze* ; et lui, *troize* ». Remarquons enfin que des couples, qui peuvent être antagonistes, sont réunis par la grâce de l'apoc :

ashkénaze et séfarade → *ashk* et *sef*

musulman et salafiste → *muz* et *salaf*

stalinien et trotskiste → *stal* et *trotsk*

Dans la foulée de l'adjectif, des **adverbes** peuvent s'abréger : si *nature* (ellement), beaucoup employé dans les années 1950, ne se dit plus, *grave*, pour *gravement*, pénètre la langue commune.

En revanche, les linguistes sont tombés d'accord sur l'extrême rareté des **verbes**, et en fournissent la raison : l'apocope fait disparaître les finales, qui gouvernent le régime du verbe (personne, temps, mode). La langue actuelle ne semble plus leur donner raison : elle tronque le verbe, comme les autres catégories grammaticales. Tout d'abord l'infinitif (forme, il est vrai, nominale du verbe) a rejoint le matériau de l'apoc, dans les locutions spécialement ; nous avons relevé :

se faire *ser* ← se faire serrer (« arrêter »)

ça me *faiche* ← cela me fait chier

1. Noter l'alternance régulière des voyelles fermée et ouverte : d**é**bile → d**è**b ; l**é**ger → l**è**ge ; séron**é**gatif → séron**è**g ; sous-d**é**veloppé → sous-d**è**ve.

ça me fait *ièche* ← cela me fait chier (verlan tronqué)

ça me fait *troche* ← cela me fait trop chier

Ensuite, des formes verbales de plein exercice subissent la troncation, comme dans « ça me *dègue* » (pour *dégoûte*), devenu courant. Il en est de même pour le verlan tronqué, qui affecte les verbes en les laissant invariables :

gonfler → flégron → *flègue*

niquer → quéni → *ken*

On dira, par exemple, « ça me *flègue*, il a *ken* cette fille ». Il est vrai qu'un verbe *kéner* est relevé par les « lexiques des cités ». On peut en conclure qu'une certaine invariabilité verbale est en marche, dans la variété « djeune » de la langue[1].

Cette invariabilité s'appuie sans doute sur un trait propre à la langue familière, dont l'analyse n'est pas aisée. Soit la locution *à l'arrache*, courante depuis les années 2000. On peut y voir une troncation de l'expression *à l'arraché* (« avec un effort considérable »), attestée depuis 1927 ; toutefois, un déverbal (substantif obtenu en retirant la terminaison d'un verbe à l'infinitif et qui en exprime l'action) issu de *arracher* n'est pas impensable. Il en est de même pour la locution courante *à la ramasse*, probable déverbal de *ramasser*. Cette façon d'extraire un substantif d'un verbe est ancienne et productive (*appel* provient de *appeler*, *cri* de *crier*, *marche* de *marcher*, etc.). Elle paraît toujours vivante. Dans *Les Combats*

1. Signalons par ailleurs l'influence de nombreux verbes invariables issus du romani (*balnave*, *bédave*, *bicrave*, *bouillave*, *chafrave*, *dicave*, *graillave*, etc.).

d'Agrippine (1992), Claire Bretécher fait dire à son ado : « Je méprise la *range*. » Nous avons lu récemment :

> « Ouais, donc fini la *déconne* » (Dominique Manotti et DOA, *L'Honorable Société*, 2011).

> « Son souffle est devenu régulier, lourd de tout ce qu'un type emporte dans la *dorme* » (Patrick Pécherot, *Hével*, 2018).

Ces déverbaux, dont il faut noter qu'ils sont tous féminins, rejoignent la *baise*, la *cogne*, la *glisse*, etc., de la langue familière, voire des formes argotiques récentes ou anciennes : la *briffe*, la *cambriole*, la *chine*, la *coule*, la *fourgue*, la *gaffe*, la *redresse*. On peut également voir un déverbal dans la *démerde*, art de s'ôter d'une situation difficile (« c'est la *démerde* généralisée »). Mais qu'en est-il des *emmerdes* (situation délicate : « avoir des *emmerdes* » ; comportement agressif : « chercher les *emmerdes* ») ? Déverbal de *emmerder* ? On peut opter aussi pour une apoc de *emmerdement*. Ce qui nous ramène à *démerde* ; une phrase comme « il n'est pas trop *démerde* » fait pencher plutôt du côté de la troncation de *démerdeur* ou *démerdard*. Cette indécision se retrouve avec *invit* (ou *invit'*, *invite*), forme bien attestée depuis les années 1990 (« c'est l'attachée de presse qui envoie les *invites* »). S'agit-il d'un abrègement de *invitation*, ou de la reprise du déverbal *invite*, apparu à la fin du XIXe siècle, et encore présent dans la langue littéraire (au sens d'« approche amoureuse ») ? Nous sommes dans une zone grise, où apoc et déverbal se concurrencent pour produire des formes brèves à finale consonantique : au fond, seul le résultat importe, s'il est conforme au gabarit.

Nous interrogeant toujours sur le matériau de la troncation, adoptons une autre perspective, pour examiner cette fois la nature des mots abrégés. Il est à remarquer que l'on tronque très volontiers les **anglicismes**. Certes, les mots d'origine étrangère en général sont volontiers abrégés (la *kalach* est d'emploi usuel, si l'on ose dire), mais principalement sont affectés ceux qui proviennent de l'anglais. La raison en est que l'anglicisme et l'apoc ont des liens naturels (pensons à l'apostrophe) : ils offrent tous deux une connivence de modernité. On ne s'étonnera donc pas qu'un mot anglais emprunté par la langue française soit soumis à sa tendance abrégeante. Et depuis longtemps : dans son dictionnaire (1863), Émile Littré donne le mot *crown*, « se dit quelquefois, par abréviation, au lieu de *crown-glass* » : les deux termes ont disparu. *Book*, pour *bookmaker*, est attesté en 1866. Le fait est si fréquent que bien des mots courants du français résultent d'un anglicisme tronqué : on est dans le *showbiz* (business) comme d'autres dans le *strip* (tease) ; on joue au *basket* (ball) ou au *foot* (ball), on court un *cross* (country), on fait du *bob* (sleigh) ou du *skate* (board) ; on enfile un *sweat* (shirt) pour aller manger un *bif* (steak) dans un *self* (service), dans un *snack* (bar) ou dans un *drug* (store), avant de passer aux *waters* (closets) et de remonter sur son *bull* (dozer) en compagnie d'un *skin* (head). Il est à souligner que ces troncations n'existent pas dans la langue anglaise (qui en emploie d'autres) ; l'auteur de ces lignes se rappelle l'étonnement d'une amie américaine quand elle entendit un Français lui parler du *McDo*. La troncation d'anglicismes est si naturelle que nous nous contenterons de fournir nos attestations récentes (contemporaines ou plus anciennes) ; elles illustrent la variété du phénomène :

badminton	→	*bad*
business	→	*biz*
cross-merchandising	→	*cross-merch*
fast-food	→	*fast*

leadership	→	*lead*
poker	→	*poke*
whisky	→	*whisk*

Faisons un sort à la série de jeux vidéo *Call of Duty*, que l'on pratique beaucoup en banlieue, semble-t-il :

– *Call of Duty* → *Callof*.

Et saluons la mode nouvelle du *ping* :

> « Oui, on ne dit plus *ping-pong*, mais *ping*, même si la fédération de ce sport en pleine mutation s'appelle toujours la *Fédération française de tennis de table* (FFTT) » (*Le Monde*, 13 février 2019).

Fort bien. Mais si le *ping-pong* est désormais le *ping*, que vont devenir les *pongistes* ?

STEPH' DE MONAC'

Jusqu'ici, nous avons traité principalement de noms communs, examinant les divers substantifs qu'abrège la langue. Or la troncation semble favoriser par ailleurs ce bloc d'impassibilité que sont les noms propres. Il leur arrive fort peu de choses d'ordinaire ; force est de constater qu'ils sont tronqués avec vigueur. L'abrègement des prénoms est bien connu ; il participe de cette familiarité sans façon que nous avons déjà rencontrée, mêlée d'un peu d'anglomanie. La liste en est longue : *Alex, Alph, Arth, Barth, Ben, Chris, Dan, Dom*, etc. Plus intéressant, le phénomène touche au nom propre lui-même, sous toutes ses formes, et depuis longtemps : Alphonse

Boudard, dans ses souvenirs sur l'*Occupe*, évoque les crimes de la *Guestape* française. Sont ainsi affectés :

– Les **patronymes**. Leur abrègement passe aussi par l'apo (*Sarko, Balla, Cerqui,* etc.), mais la tendance actuelle à l'apoc se confirme. Quelques exemples suffisent : *Saint-Ex* (upéry) est bien connu ; les historiens parlent avec affection de *Le Roy Ladure* (ie) ; *Boutef* (lika) vient d'apparaître (pour disparaître) ; *Mélanche* (on) est à éclipses ; nous avons lu récemment que Jacques Foccart était surnommé *le Phoque* par ses intimes…

– Les noms de **marques** et d'**établissements**. On tronque volontiers ce que l'on fréquente, consomme ou utilise habituellement ; quelques exemples :

BMW	→	*BM*
Contrexéville	→	*Contrex*
Club Méditerranée	→	*Club Med*
Géant Casino	→	*Géant Case*
Nouvel Observateur	→	*(Nouvel) Obs*
Poissy (maison centrale)	→	*la Poiss*
Ricard	→	*Ric*
Suzuki	→	*Suz*
Volkswagen	→	*Volks*
Yamaha	→	*Yam*

Surnommer *la Poisse* un établissement pénitentiaire est particulièrement bien choisi. La *Suzuki*, moto à la mode, comme la *Yam* (aha) et la *Kawasaki* (abrégée en apo : *Kawa*), a subi en fait, au fil du temps, une surtroncation doublement consonantique :

– Suzuki → *Suzuk* (1975) → *Suz* (1989).

Notons enfin deux exemples de métonymie (la partie pour le tout). Les employés des usines Peugeot s'appelaient entre eux les *Peuges*. On entendait naguère dans les cités l'expression « sapé comme un *Sonac* », c'est-à-dire vêtu comme le résident d'un foyer pour migrants géré par la *Sonacotra* (aujourd'hui l'Adoma) : c'est-à-dire pas vraiment à la dernière mode…

– Les divers **toponymes** forment un troisième groupe important. Le troncat est employé par les habitants du lieu : signe de reconnaissance, usage familier, mode d'appartenance. Depuis longtemps, les Niçois vont se promener sur la *Prom* (enade des Anglais), les Lyonnais jouer aux boules à la *Guille* (otière). Les lieux de vacances à la mode n'y échappent pas. On est entre soi ; dans la bonne société, il convient d'aller skier à *Courch* (evel) ou à *Val* (d'Isère) ; l'été, de se vouer à tous les saints :

Saint-Barthélemy	→	*Saint-Barth*
Saint-Raphaël	→	*Saint-Raph*
Saint-Tropez	→	*Saint-Trop*

La région parisienne abonde de troncations. La petite couronne, tout d'abord ; voici quelques troncats récents :

Bobigny	→	*Bob*
Boulogne-Billancourt	→	*Boul' Bi*
la Défense	→	*la Dèf*

Malakoff	→	*Malak*
Nanterre-Préfecture	→	*Nanterre Pref*

Paris lui-même, affectionné de ses habitants, est un bon répertoire de troncations. Le surnom *Paname* (1903) n'est-il pas, sans doute, une troncation de l'adjectif *panama* ? Paris semblait au XIXe siècle une ville *panama*, c'est-à-dire énorme, comme le scandale. La capitale fournit à elle seule quatre-vingts formes tronquées, selon Fabrice Antoine, qui les a étudiées. Certes, ce corpus est représentatif de l'abrègement français en général : on y trouve des apos, largement majoritaires à date ancienne (les *Champs É*, la *Répu*, le *Sébasto*), de nombreuses formations avec suffixe postiche (la *Bastoche*, les *Invalos*, *Ménilmuche*), mais aussi des apocs (*Ménilmont'*), qui gagnent en fréquence : le linguiste note que les formes relevées le plus récemment (il écrit en 1992) sont des troncations à finale consonantique (par exemple *Popinque*, *Quincampe*). Nous nous en tiendrons, comme de coutume, aux apocs (troncations consonantiques), dont la variété impressionne. On y relève :

– Des **stations de métro** :

Jules Joffrin	→	*Jules Joff*
Mabillon	→	*Mab*
Sèvres-Babylone	→	*Sèvres-Bab*

– Des **voies** (souvent représentatives du Paris estudiantin et populaire) :

le boulevard de Ménilmontant	→	le *Ménilmont'*
le boulevard Saint-Germain	→	le *boul' Ger(m)*
le boulevard Saint-Michel	→	le *boul' Mich'*

les Gobelins	→	les *Gobs*
la rue Mouffetard	→	la *Mouffe*
la rue Popincourt	→	la *Popinque*
la rue Quincampoix	→	la *Quincampe*
la rue de Vaugirard	→	la *Vaugire*

Notons que, par dérivation, les *Gobs*, la *Mouffe*, la *Popinque* désignent le quartier à l'entour. À ce propos, relevons la double apoc *faub Saint-Germ*, qui ne désigne pas le quartier, mais son caractère : « elle est très *faub Saint-Germ* ». Par ailleurs, *boul'* peut s'autonomiser : « faire les *boul'* » signifiait, au XIXe siècle, « racoler » (on pourrait dire de nos jours : « faire les *marèch* »).

– Des **places** :

place de Clichy	→	la *Cliche*
place d'Italie	→	*place d'It*
place Maubert	→	la *Maube*

– Des **gares**. En 1992, Fabrice Antoine n'en avait pas relevé ; sont apparues depuis :

gare d'Austerlitz	→	*Auster*
gare Montparnasse	→	*Montpar*
gare Saint-Lazare	→	*Saint-Laz*

Au début du XIXe siècle, *Saint-Laz* est attesté, mais pour désigner la prison féminine de Saint-Lazare (« la confrérie de *Saint-Laz* » : le monde de la prostitution). C'est la forme *Montparno* (années 1920) qui désigne le boulevard et le quartier.

– Des **établissements** et **jardins** :

café des Ambassadeurs	→	les *Ambass'*
le Chabanais (maison close)	→	le *Chab*
lycée Charlemagne	→	*Charl'*
lycée Condorcet	→	*Condor*
Folies-Bergère	→	*Fol' Berg'*
hôpital Lariboisière	→	*Laribe*
le Luxembourg	→	le *Lux*
la Philharmonie	→	la *Philhar*
prison Mazas	→	*Maz*
prison Saint-Lazare	→	*Saint-Lag*
prison Sainte-Pélagie	→	*Pélag*
La Samaritaine	→	*La Samar*
collège Stanislas	→	*Stan*
vélodrome d'Hiver	→	*Vél' d'Hiv'*

Apportons des précisions sur quatre troncats que nous avons cités ; leur parcours est complexe et digne d'intérêt :

– Le *Luxembourg* a d'abord été nommé par apoc *Lux* (1889), puis, par changement de suffixe, *Luco* (1901), enfin, par plaisanterie sur les pluriels en *-aux*, le *Lucal* (1954).

– *Sainte-Pélagie* a connu une apoc, puis une suffixation en *-o*, puis une nouvelle apoc (ce qui explique le changement de consonne finale) : Sainte-Pélagie → *Pélage* (1836) → *Pélago* (1837) → *Pélag* (1899).

– *Saint-Lazare* (la prison) a suivi le même chemin ; apoc → suffixation → apoc : Saint-Lazare → *Saint-Laz* (1860) → *Saint-Lago* (1868) → *Saint-Lag* (1882). Nous avons vu qu'une apoc récente a retrouvé la forme *Saint-Laz*, mais pour désigner la gare.

– *Lariboisière* présente une évolution canonique ; à une apo ont succédé deux apocs : Lariboisière → *Laribo* (1903) → *Lariboise* (1911) → *Laribe* (2019).

Notons que la forme *Lariboise* ([laribwaz]) est plus longue que *Laribo* ([laribo]), qu'elle remplace : cela montre au passage que la brièveté importe moins que la primauté de l'apoc sur l'apo : les toponymes parisiens le démontrent.

CE N'EST PAS MON GENRE

Nous avons vu les troncats de toponymes la *Mouffe*, la *Cliche*, etc. L'article féminin s'y explique : ces réductions proviennent de la *rue* Mouffetard, de la *place* de Clichy. Toutefois, elles viennent nourrir une curieuse appétence de la troncation pour le féminin.

De façon générale, ce procédé de réduction respecte le genre du mot :

une adhésion	→	*une adhèze*
un appartement	→	*un appart'*

Ce respect est d'autant plus nécessaire que, l'apocope faisant disparaître la désinence du mot, la marque du genre réside souvent dans le déterminant :

un anim (ateur)	→	*une* anim (atrice)
un bourge (ois)	→	*une* bourge (oise)
un chir (urgien)	→	*une* chir (urgienne)

La troncation a pour effet de produire des homonymes, que seul distingue (au mieux) le genre :

le comm (erce)	→	*la* comm (unication)
le doc (umentaire)	→	*la* doc (umentation)
le prod (uit)	→	*la* prod (uction)
le rédac (teur)	→	*la* rédac (tion)

Mais par ailleurs nous avons vu que le troncat, quand il se termine par une consonne soutenue d'un *e* sourd, possède une allure féminine : le *rendève* de 1835 appartient déjà à une autre morphologie que le *rendez-vous*. Dès le XIXe siècle, nous observons des changements : la forme abrégée, dont la constitution est sentie comme féminine, adopte ce genre :

un gaspard (« rat »)	→ la *gaspe* (« prison »)
un rencard (« rendez-vous »)	→ une *renque*[1]

1. En sens inverse, et après une apocope vocalique : la ratatouille → le *rata*.

On explique sans doute ainsi que le quartier du Gros-Caillou, à Paris, après troncation, soit devenu la *Caille*. Le phénomène se poursuit à l'époque contemporaine : il semble affecter particulièrement les noms propres, d'une façon que l'on peut juger paradoxale. Le patronyme d'un homme, après troncation, devient en effet ostensiblement féminin, et est précédé de l'article. Ainsi, l'acteur Robert Le Vigan était surnommé *La Vigue* par ses amis (dont Louis-Ferdinand Céline, qu'il accompagna à Sigmaringen) ; dans son article de 1980, Kenneth George cite des noms de sportifs (dont on peut supposer que certains cultivaient leur virilité), tronqués et genrés :

Michel Palmié (rugby)	→	*La Palme*
Claude Piquemal (athlétisme)	→	*La Pique*
Michel Platini (football)	→	*La Platine*
Olivier Rouyer (football)	→	*La Rouille*

Le phénomène est à l'évidence conforté par l'existence des mots féminins *palme*, *pique*, *platine*, *rouille*.

Les noms communs semblent également touchés dans la langue contemporaine ; nous en prendrons deux exemples. Le mot *nichon*, « sein de femme », est masculin ; on atteste depuis 1975 sa réduction *niche*, laquelle est systématiquement du genre féminin. Une attestation de ce changement de genre est bienvenue ; elle est fournie par Romain Gary, au sujet d'un travesti sénégalais :

> « Elle disait qu'elle était le seul Sénégalais dans le métier et qu'elle plaisait beaucoup car lorsqu'elle s'ouvrait, elle avait à la fois de belles *niches* et un zob » (Émile Ajar [Romain Gary], *La Vie devant soi*).

Tout récemment, le mot *pipeau* a connu le même sort, chez un locuteur dont la langue est régulièrement soumise à inspection. S'adressant, le 15 janvier 2019, à des maires réunis dans la commune de Bourgtheroulde, le président Macron déclarait :

> « Ce n'est pas parce qu'on remettra l'ISF comme il était il y a un an et demi que la situation d'un seul "gilet jaune" s'améliorera. Ça, c'est de la *pipe* ! »

L'expression surprit les journalistes (et, comme d'habitude, les « réseaux sociaux »), d'autant plus qu'elle se révéla familière à Emmanuel Macron : le *Huffington Post* prouva qu'il l'avait prononcée une bonne dizaine de fois, en tant que candidat puis en tant que président. Sa genèse est transparente. Dans l'expression « c'est du *pipeau* » (« des bla-bla, du flan »), le mot *pipeau* est tronqué en *pipe*, terme que son homonymie amène au genre féminin :

– c'est du pipeau → c'est **du** *pipe* → c'est **de la** *pipe*.

On se souviendra que l'expression « c'est de la *couille* », de sens voisin, provient par apocope de « c'est de la *couillonnade* ».

EXALTATION DE LA TRONQUITUDE

Jusqu'ici, nous avons principalement croisé des mots simples ; ils suffisaient à notre dessein : expliquer le principe de la troncation consonantique et sa démarche. Reste à voir ses modalités et son déploiement ; or, c'est dans les unités complexes (mots composés, locutions) que l'apoc donne toute sa mesure. Il semble alors que la langue s'enchante, que s'expose la satisfaction, faite de brièveté, de souplesse et de connivence, que ses locuteurs y prennent. Il est temps d'examiner la troncation des groupes.

Commençons par deux remarques. Tout d'abord, pour des raisons que nous avons amplement justifiées, nous ne considérons dans cet ouvrage que les troncations consonantiques (apocs). Nous laissons donc de côté les réductions de mots composés empruntant la troncation vocalique (apo), procédé dont la vivacité doit pourtant rester présente à l'esprit :

– **Apo suivie d'apoc** :

anatomie pathologique	→	*ana path*
comité de direction, de pilotage	→	*codir, copil*
réanimation chirurgicale	→	*réa chir*
sténodactylographe	→	*sténo dac*

– **Apoc suivie d'apo** :

boulevard Murat	→	*boul' Mu*
École supérieure d'aéronautique	→	*Sup d'Aéro*
surveillant général	→	*surgé*

D'autre part, nous délaisserons également les groupes nominaux réduits par la suppression totale du second élément :

croque- monsieur	→	*croque*
pousse-café	→	*pousse*

« Tu prendras un *pousse* après le *dèj* ? – Seulement un *caf*. » Un tel abrègement participe de l'esprit de l'apocope (éliminer la partie finale), mais pas de son procédé (elle intervient d'ordinaire *au sein* du second élément, pour le sectionner).

Ces réserves faites, la matière nous est d'une abondance surprenante, et d'un effet notable : c'est véritablement dans la composition que l'abrègement s'exalte. Une chronique estivale du journal *Le Monde* (7-8 juillet 2019) était plaisamment intitulée « On se la pète, nat' » ; elle se consacrait à un vin tout simple mais de qualité :

> « Les vignerons qui en produisent et les cavistes qui en vendent insistent : le *pèt' nat'* est un vin de fête, de bonnes bulles à boire de façon décontractée. »

La chronique emploie presque uniquement la forme réduite d'une expression qui, développée, fait un peu « pot de départ en retraite » : le *pétillant naturel*. Au rebours, le *pèt' nat'* est jeune, désinvolte, sans façon ; Ophélie Neiman, auteure de la chronique, commente :

> « Et puis, fin du fin, on peut contracter l'expression pour crâner. Quand on dit *pèt' nat'*, on est forcément in, non ? »

Forcément. On est entre soi, dans la brièveté connivente du chic lapidaire.

Ayant examiné le mot simple, nous allons progressivement accroître son entourage.

1. LES MOTS COMPOSÉS

Apoc simple

La troncation élémentaire d'un groupe nominal, quelle que soit sa composition (adjectif + nom, nom + nom, nom + adjectif), touche le seul second élément. Nous avons déjà vu quelques noms propres ainsi abrégés : *Saint-Ex, Saint-Trop* ; le phénomène est courant pour les noms communs, dans les domaines les plus variés (armée, commerce, audiovisuel, éducation, sport, etc.) :

bas-officier	→	*bas-off*
blanc-cassis (boisson)	→	*blanc-cass*
cadre supérieur	→	*cadre sup*
cas social	→	*cas soc'*
chef opérateur	→	*chef op*
Crédit maritime (banque)	→	*Crédit mar*
demi-pensionnaire	→	*demi-pens*
dessin technique	→	*dessin tech*
état-major	→	*état-maj*
faits divers	→	*faits div*
Front populaire	→	*Front pop*[1]
Le Grand Échiquier (émission)	→	*Le Grand Éch'*
grasse matinée	→	*grasse mat'*
heures supplémentaires	→	*heures sup*
maître auxiliaire	→	*maître aux*

1. Forme plus fréquente, désormais, que l'apo ancienne *Front popu*.

mêlé-cassis (boisson)	→	*mêlé-cass*
mode opératoire	→	*mode op*
nœud papillon	→	*nœud pap*
Noir Désir (rock)	→	*Noir Dès'*
nord-africain	→	*nor(d)-af*
passe décisive (sport)	→	*passe dèc'*
pattes d'éléphant (pantalon)	→	*pattes d'èph*[1]
pause déjeuner	→	*pause dèj*
petit commerçant	→	*petit comm*
petit déjeuner	→	*petit dèj*
poutres apparentes	→	*poutres app*[2]
sciences expérimentales	→	*sciences ex*
sciences naturelles	→	*sciences nat*
soirée pyjama	→	*soirée pyj*
sous-officier	→	*sous-off*
sud-africain	→	*sud-af*

1. Noter l'écrasement : pattes d'éléphant → pattes d'élèph → pattes d'*èph*.

2. Paul Fournel, décrivant dans son roman *Un rocker de trop* le costume de scène ostensiblement moulant de son protagoniste, parle d'un « jeans poutres *app* ».

On voit avec quelle aisance procède la langue, et sa faveur du procédé. Elle en joue, parfois, ne laissant du second élément qu'un son, trace minimale, signature de l'apocope. Qu'il s'agisse d'une consonne n'est pas indifférent ; celle-ci constitue une solide butte témoin et fournit une structure C V C au troncat :

après-midi	→	*aprèm*
beau-frère	→	*beauf*
beau-père	→	*beaup*
deux-chevaux	→	*deuche*
play-boy	→	*playb'*

La plupart du temps, ces troncats sont agglutinés à l'écrit, comme nous l'avons fait, car ils sont tenus pour un mot plein. Pensons au *beauf* du très regretté Cabu.

Un degré de complication au-dessus, le groupe nominal peut être formé de deux éléments que lie une préposition. Cette structure est intéressante, car elle offre un des très rares cas de troncation du *premier* élément :

– conférence de presse → *conf de presse*.

Elle présente ensuite une tendance à la brièveté extrême et ludique. À côté des apocs classiques, conservant une syllabe du second élément :

bec à mélasse (« épicier »)	→	*bécamel*
chef de cabinet	→	*chef de cab*
chef d'édition	→	*chef d'éd*
chef de fabrication	→	*chef de fab*

Cour de cassation	→	*Cour de cass*
jardin d'Acclimatation	→	*jardin d'Acc*
salle d'opération	→	*salle d'op*
Terre d'aventures (voyagiste)	→	*Terre d'av*

On relève bon nombre de troncations réduites à une consonne :

bas du cul	→	*basduc*
bas du filet (au tennis)	→	*basduf*
fil de fer (« homme mince »)	→	*fildef*
garde à vue	→	*gardav*
mère de famille	→	*merdeuf*
piège à cons	→	*piège ac*
pot à colle (« menuisier »)	→	*pot ac*
pot-au-feu (« prostituée »)	→	*pot-au-f*
ras du cul	→	*rasduc*
tire-au-cul (« paresseux »)	→	*tiroc*
trou du cul	→	*trouduc*

L'intention plaisante est évidente, doublée, dans le cas des *basduc, rasduc, tiroc* et *trouduc,* d'un effet euphémisant indéniable : traiter un individu méprisable de « trouduc », avec un humour désinvolte, permet d'échapper à la vulgarité de l'expression complète.

Apoc double

Un cran au-dessus, le groupe nominal peut présenter une double apocope : on entre alors dans la véritable esthétique, inventive et ludique, de la troncation. Le XIXe siècle déjà en avait le goût, notamment au sujet des salles de spectacle parisiennes :

café-concert	→	*caf' conc'*
Délassements-Comiques	→	*Délass' Com'*
Folies-Bergère	→	*Fol' Berg'*
Folies-Dramatiques	→	*Fol' Dram'*

La plupart de ces salles ont disparu, tout comme les terribles *bat' d'Af'* (bataillons disciplinaires), le *Bot mod* (Bottin mondain), le *Magmod* (Magasin moderne) de Strasbourg, le *Vél' d'Hiv* parisien. L'esprit *rad-soc* (radical-socialiste), quant à lui, semble avoir survécu aux alternances politiques.

De nos jours, la double apoc est un marqueur de modernité ; elle concerne tous les secteurs de la langue : l'éducation (qui enseigne désormais l'*éduc sex*), la défense (mobilisée dans des *opex*), la médecine (que soucient les *gross' path'*), la politique. Elle reste d'une vivacité étonnante : nous avons relevé le troncat *cong' pay'* (succédant à *congés pay*, bien attesté) en rédigeant ce chapitre…

administrateur système	→	*admin syst*
bibliothécaire-documentaliste	→	*bib-doc*
calcul différentiel	→	*cal diff*
chirurgien-dentiste	→	*chir dent*

comité exécutif	→	*comex*
conférence budgétaire	→	*conf budg*
congés payés	→	*cong' pay'*
directeur de cabinet	→	*dir cab*[1]
École supérieure de communication	→	*Sup de com*[2]
Éducation nationale	→	*Éduc nat*
éducation sexuelle	→	*éduc sex*
Figaro Magazine	→	*Fig' Mag'*
grossesse pathologique	→	*gross' path'*
Lagarde et Michard	→	*Lag Mich*
mathématiques élémentaires, mathématiques supérieures	→	*maths élèm, maths sup*
médecin auxiliaire	→	*mèd aux*
médecine opératoire	→	*mèd op*
opération extérieure	→	*opex*

1. Observons que l'on ne dit pas *dir de cab*, comme *chef de cab*.

2. Saluons la fortune de la troncation *sup*. Elle fonctionne comme adjectif (Normale *Sup*), comme nom (enseigner dans le *Sup*), comme désinence (Parcour*sup*), comme métonymie au sens d'« école supérieure » : *Sup de com, de co, d'élec, de pub*, etc.

rédacteur en chef	→	rédac chef → *red chef*[1]
retour d'expérience (défense)	→	*retex*
roman policier	→	*rom pol*
Sécurité sociale	→	*Sèc soc'*[2]
texan-mexicain	→	*tex-mex*[3]

Les groupes nominaux de tous ordres se prêtent à une double troncation. Elle produit des néologismes sveltes et familiers, insouciants voire ludiques, éventuellement pleins d'ironie, le temps d'une cruauté souriante. Témoin ce troncat qui fut en usage dans le monde de la publicité, pour dénigrer des pratiques anciennes : le *Tapseg*. C'est-à-dire : Tapie-Séguéla. Toute une époque…

2. LES LOCUTIONS

Les locutions, expressions, formules figées, etc., effervescence de la troncation consonantique, couronnent le tout. La légèreté, la connivence désinvolte y donnent à plein ; c'est un ressort de l'argot, depuis longtemps. Ce procédé a même ses lettres de noblesse : au cours du XIXe siècle, les lexicographes relevèrent la locution *nom d'unch* ; elle leur resta opaque. Ainsi, dans son *Dictionnaire d'argot moderne* de 1881, faisant le bilan des hypothèses à ce propos, Lucien Rigaud y voit la construction *nom d'un*, augmentée de *ch*

1. Surtroncation consonantique.

2. Notons que la double apoc *Sèc soc'* est en usage chez les seuls employés de la Sécurité sociale. Les assujettis utilisent l'apo *Sécu*.

3. *Tex-mex* est un américanisme. De même : *cal* (ifornien)-*ital* (ien).

« trouvé sans doute plus euphonique », suivie d'un nom au choix, sous-entendu. En fait, dès 1862, quelqu'un avait saisi l'origine de l'expression : Victor Hugo, dont on sait l'intérêt pour l'argot, auquel il consacre un chapitre des *Misérables*. Au livre XI de la troisième partie, il fait dire à Gavroche :

> « Qu'est-ce que c'est que les mouchards ? C'est des chiens. *Nom d'unch* ! Ne manquons pas de respect aux chiens ! »

Hugo, grâce à son intelligence de la langue, avait compris la troncation :

– nom d'un chien → *nom d'unch*.

Distinguons les locutions nominales des locutions verbales, dont la virtuosité est remarquable.

Locutions nominales

Nous avons tout d'abord un ensemble d'expressions courantes et simples, généralement prépositionnelles :

à cet après-midi	→	*à c'taprèm*	→	*astap*[1]
à demain	→	*à dem*		
à plus tard	→	*à pluss'*[2]		

1. Surtroncation consonantique.

2. Normalement, *à plus tard* devrait donner *à plute*, qui est attesté. Mais on ferme ce troncat, généralement, à l'aide de la consonne *s*, qui paraît intrinsèque à l'adverbe *plus* : « J'en veux encore *pluss*. »

à poil	→	*à p'*
à tout de suite	→	*à toute*[1]
bon appétit !	→	*bon app !*
comme d'habitude	→	*comme d'hab*
d'accord	→	*d'ac*
d'autorité	→	*d'autor*
par exemple	→	*par ex*
pas possible !	→	*pas poss !*
pas question !	→	*pas ques !*
que dalle (« rien »)	→	*queude*
quel toupet !	→	*quel toup !*
rien de nouveau	→	*rien de nouv*
sans atout	→	*sans at'*
ta gueule !	→	*tag !*

Ces troncations suivent les procédés que nous avons décrits, notamment la tendance des groupes nominaux prépositionnels à ne conserver qu'un son final. L'évolution peut suivre plusieurs voies : c'est le cas de *à tout à l'heure* qui, après une apoc, connaît

1. Noter la simplification : à tout de suite → à toutdsuite → à toutdse → *à toute*.

soit un écrasement, soit une nouvelle troncation consonantique ; les formes obtenues sont bien attestées :

à tout à l'heure

↓

à tout à l'

↙ ↘

à t'tal *à toute*

À toute signifie donc « à tout de suite » ou « à tout à l'heure » ; l'équivoque est légère.

Ces locutions nominales peuvent être plus complexes ; elles sont alors stylistiquement inventives :

en voilà des manières	→	*en vlà des magnes !*
non mais des fois !	→	*non mais def' !*
pour la frime	→	*pour l'af*
un pain (« coup ») dans la gueule	→	*un pain dans lag*

Terminons par la délicate locution de l'été 2019 : *moudug* (mou du gland), et par l'admirable *jam' de lav'* (jamais de la vie), double troncation que nous avons relevée chez Léo Malet : un maître.

LES LOCUTIONS VERBALES

Le troncat *à toute* est équivoque ; mais moins que *astap*, qui résulte de *à cet aprèm* et de *à se taper le derrière par terre*, tronqué avec une ardeur juvénile. Les locutions verbales, si elles ne sont pas inconnues de l'argot ancien et moderne, sont le domaine par excellence du parler jeune : la connivence d'une génération se forge dans l'impatience, comme dans la brièveté plaisamment insouciante. Parmi les traits qui caractérisent le langage d'Agrippine, personnage de Claire Bretécher (huit albums entre 1988 et 2009), figurent les « sans *dec* », « tu fais *vraimench* », « il se bourre *lague* », « j'ai rien à me griffer *sur leque* ». Agrippine est quadragénaire maintenant ; les adolescents d'aujourd'hui ont pris la relève. Nous avons entendu une jeune demoiselle, effondrée sur un canapé, murmurer dans un profond soupir : « J'ai la flemme *au c.* »

Voici un choix de ces locutions verbales, mêlant l'ancien et le nouveau.

Tout d'abord, la langue argotique ou familière abonde d'expressions simples, sur le modèle d'un verbe suivi de son complément : maquiller une *aff* (aire) ; avoir du *boc* (al) [« avoir du pot »] ; faire de l'*eff* (et) ; prendre du *carbure* (ant) [« argent »] ; faire *crèd* (it) ; taper l'*incruste* (ation) [« s'incruster »] ; avoir la *motiv* (ation) ; gratter le *scénar* (io) [« écrire des scénarios pour vivre »] ; etc.

Elle emploie ensuite bon nombre de locutions plus complexes :

à ce qu'il paraît	→	*askip*
ça fait chier	→	*ça faiche*[1]
ça me dégoûte	→	*ça me dègue*
ça me la pèle	→	*ça me lap*
ce n'est pas Dieu possible	→	*c'est pas Dieu poss !*

1. Cette apoc courante peut s'accompagner d'un adverbe (*ça fait tropch* ; *ça fait vraimentch*) ou être verlanisée (*ça fait ièche*).

c'est n'importe quoi	→	*c'est n'imp*
comme il faut	→	*comme ilf*[1]
en avoir plein le cul	→	*en avoir plein loc*
faire moitié-moitié	→	*faire moite-moite*
fais-toi plaisir	→	*fais-toi plaise*[2]
fous le camp !	→	*fouloc !*
il y a moyen	→	*y a moye*
je m'en bats les couilles	→	*je m'en bats lec*
je n'en peux plus	→	*j'en peup !*
la trouver mauvaise (« être dépité »)	→	*la trouver mauv*
mords-moi l'œil, le nœud, etc.	→	*mords-moil'*
nul à chier	→	*nullache*
sans déconner	→	*sans dec*
s'il te plaît	→	*stopl'*[3]
tu parles !	→	*tup !*
travailler pour la peau (« pour rien »)	→	*travailler pour lap*

1. Dans l'expression « des gens comme *ilf* ».

2. En concurrence avec *fais-toi zizir* (aphérèse à redoublement).

3. Le troncat a subi un écrasement : s'il te plaît → s'il te pl' → *stopl'*.

Cette liste est loin d'être exhaustive : elle est seulement indicative, désignant des procédés et des tendances. L'esprit de troncation anime la langue contemporaine : après tout, le très fréquent *t'inquiète !* (à la place de « ne t'inquiète pas ! »), avec chute de l'élément négatif final, produisant un bissyllabe s'achevant sur une consonne, est aussi une apoc.

Cet esprit de troncation est des plus productifs. Comme notre adolescente sur son canapé (sur son *canap'*), libre à chacun de s'emparer d'une locution et de la tronquer, en respectant il est vrai les règles qui encadrent le procédé. La liberté néologique ne heurte pas la langue ; elle en fait apparaître, au contraire, les ressorts profonds. Les puristes ont tort, qui crient à la décadence et à l'anarchie. Il y a plus de sentiment linguistique, de fonctionnement régulier de la langue, de puissance langagière dans une troncation que dans leurs règles arbitraires et frileuses. Le verlan tronqué va nous en donner une preuve éclatante.

EXERCICES

1. À la suite de *L'Huma*, des *Inrocks*, de *Libé* et de *L'Obs*, achevez la troncation de la presse française : *La Croix*, *L'Équipe*, *L'Express*, *Le Figaro* ; *Le Monde*, *Ouest-France*, *Le Parisien*, *Le Point*, *Télérama*.

2. Sur le modèle de *chef de cab*, proposez des apocs pour *chef de bureau, de chantier, de clinique, de mission, de produit, de projet, de service*.

3. Proposer, en les justifiant, des apocs pour les locutions suivantes : *accuser le coup, aller au charbon, aller dans le mur, arracher la gueule, arrêter les frais, attendre au tournant*.

4. Faire de même avec les locutions : *avoir du nez, avoir la dalle, avoir la patate* (et *la pêche*), *avoir le feu au cul, avoir les jetons, avoir un mal de chien*.

....

....

....

....

....

....

....

....

....

→ **Soluces p. 168**

Les MEUFS des KEUFS font la TEUF, ou le retour du verlan

La langue française, depuis le XIXe siècle, abrège à peu près tout. Il ne faut donc pas s'étonner que la troncation s'applique à des mots ayant déjà subi une intervention : cryptage, déformation ludique, inversion. L'apocope, alors, prend sa place dans une chaîne de manipulations qui recycle la morphologie de la connivence.

Il peut s'agir, par exemple, de termes ayant reçu un suffixe « postiche » ; ainsi *frangin,* lui-même dérivé de *frère,* a subi une suffixation fantaisiste, matière plus tard à la réduction :

– frangin → frangibus (1882) → *frangib* (1946).

Il est vrai que, parallèlement, *frangin* fut affecté d'une apoc des plus classiques :

– frangin → *frange* (1901).

De même, *prison* connut une aphérèse avec réduplication (comme *zizique,* issu de *musique,* et *zizir,* de *plaisir*), laquelle se prêta aisément à la troncation consonantique :

– prison → zon → zonzon → *zonze.*

Ces manipulations peuvent relever d'une méthode générale. Il en est ainsi du **largonji**, obscurcissement linguistique issu de l'argot des bagnards de Brest, au début du XIXe siècle. La règle en est simple : la consonne initiale du mot est remplacée par un *l* et reportée en finale, éventuellement suivie d'un suffixe au choix. On a ainsi :

– jargon → **l**argon → largon**j** → *largonji*.

À la fin du siècle, ce procédé fut adopté par les bouchers parisiens, dont l'argot prit le nom de *loucherbem* :

– boucher → **l**oucher → loucher**b** → *loucherbem*.

Des éléments du largonji ont pénétré la langue commune ; ainsi :

à poil	→	à *loilpé*
en douce	→	en *loucedé*
fou	→	*loufoque*
pas cher	→	pas *lerche*

Le largonji est un matériau de troncation. On relève, au cours du XXe siècle :

fou	→	loufoque	→	*louf*
jaune	→	launejem	→	*laune*
pardessus	→	lardessuspem	→	*lardeuss*

Significatif du recyclage formel auquel la langue argotique ou populaire procède, un mot tel que *copaille*, dérivé de *copain* à l'aide d'un suffixe péjoratif (au sens de « petit ami d'un homosexuel »), est dans le processus :

– copain → copaille → lopailekem → *lope*.

Un autre exemple en est le **javanais**, codage argotique apparu à la fin du XIXe siècle : la syllabe *av* est insérée avant une ou devant chaque voyelle :

– bonjour → *bonjavour* ou *bavonjavour*.

Cette procédure semble encore vivante ; elle a servi du moins de support à la troncation. Vincent Mongaillard, dans *Le Petit Livre de la tchatche* (2013), relève la locution *c'est bavon* et sa variante *c'est bav* ; l'origine en est transparente : du javanais tronqué.

– c'est bon → c'est bavon → c'est *bav*.

Cette seconde jeunesse du vieux javanais n'est toutefois rien à côté de la véritable cure de jouvence dont bénéficie un autre type de cryptage.

FAVEUR DU VERLAN

S'il est un exemple d'un langage communautaire et secret qui séduit le grand public, entre dans la langue standard et se voit dès lors rejeté par son groupe d'origine, c'est bien le **verlan** (ou langue à « l'envers ») : son histoire est tout en éclipses.

Le procédé est simple et des plus anciens : dans le *Roman de Tristan et Iseut* de Béroul (XIIe siècle), le héros, déguisé, prend le nom de *Tantris*. Une telle manipulation élémentaire fut du goût de plusieurs communautés successives ; pour faire simple :

– Au XIXe siècle, les bagnards : on relève *Lontou* (1842) pour *Toulon*.

– Dans les années 1950, les truands à la Jean Gabin. Auguste Le Breton fait pénétrer en littérature (*Du rififi chez les hommes*, 1953) ce chiffrage développé sous l'*Occupe*, qu'il nomme *verlen*.

– Dans les années 1980, les loubards à la Renaud : *laisse béton*. La chanson, les médias, le cinéma (*Les Ripoux*, 1983) s'en emparent ; il devient de bon ton de parler *chébran* ; de nombreux termes issus du verlan entrent dans l'usage, sont relevés par les dictionnaires ; les vrais utilisateurs s'en détournent. Dans leur délicieuse *Méthode à Mimile*, Alphonse Boudard et Luc Étienne ne font preuve d'aucune aménité pour le verlan d'opérette.

Nous verrons ce qu'il en est de nos jours.

Souvent et maladroitement commentée, la fabrication du verlan a été expliquée de façon pertinente et simple par Fabrice Antoine, dans l'article qu'il a consacré à la question (« Des mots et des oms. Verlan, troncation et recyclage formel dans l'argot contemporain »)[1]. Elle consiste à isoler le premier son vocalique d'un mot, ce qui constitue un premier bloc, et à traiter tout le reste comme un second bloc ; on inverse ensuite ces deux entités :

– l'envers → l'en/vers → *verslen* (verlan).

Peu importe la longueur du mot : le premier bloc est bref (première syllabe), le second est fait de ce qui subsiste. Le cas le plus simple est celui des mots de deux syllabes ; pour citer des formes dont nous reparlerons :

bizarre → bi/zarre → *zarbi*

blouson → blou/son → *zomblou*

1. Dans cet ouvrage nous nous plaisons à citer les travaux de ce linguiste angliciste, fin connaisseur de la langue française vivante : fraternité des tronquophiles.

bouteille	→	bou/teille	→	*teillebou*
cité	→	ci/té	→	*téci*
cousin	→	cou/sin	→	*zinkou*
jobard	→	jo/bard	→	*barjot*
parents	→	pa/rents	→	*rempas*
pétasse	→	pé/tasse	→	*taspé*
racaille	→	ra/caille	→	*caillera*
Toubab (« Blanc »)	→	tou/bab	→	*babtou*

Le procédé s'applique avec le même automatisme aux mots plus longs : on isole la première syllabe, on institue le reste (polysyllabique) en un bloc et l'on inverse l'ensemble :

carotter (« duper »)	→	ca/rotter	→	*rottéca*
cigarette	→	ci/garette	→	*garetsi*
travailler	→	tra/vailler	→	*vaillertra*

Le procédé s'applique également aux locutions :

avoir la rage	→	avoir la *jeura*
laisser tomber	→	laisser *béton*

Très régulier, il engendre des centaines de termes.

On peut se poser la question des monosyllabes : est-il possible de les décomposer ? Dans le cas des mots d'une syllabe s'achevant par une voyelle, c'est la consonne initiale qui joue le rôle du premier bloc ; la voyelle forme le second et l'on inverse :

bon → b/on → *omb*

chaud → ch/aud → *auch*

faire chier → ch/ier → faire *ièch*

Quand le monosyllabe s'achève sur une consonne, si celle-ci est suivie d'un *e* muet non prononcé, nous avons vu plus haut la solution élégante retenue par la langue : on fait entendre cet *e*, prononcé [eu]. Le mot, rendu bisyllabique, peut être verlanisé :

couille → couill**eu** → *yeukou*

daube → daub**eu** → *beudo*

femme → femm**eu** → *meufa*

frère → frèr**eu** → *reufré*[1]

gramme → gramm**eu** → *meugra*

louche → louch**eu** → *cheulou*

maille (« argent ») → maill**eu** → *yeuma*

Il est remarquable que la procédure se généralise aux monosyllabes s'achevant par une consonne non soutenue par un *e* muet :

1. Noter l'alternance régulière des voyelles : ouverte en syllabe fermée (*frère*) et fermée à la finale (*reufré*).

on adjoint un tel *e*, prononcé [eu], qui rend le terme bisyllabique et donc verlanisable. Cela concerne bien des mots du verlan ; relevons ceux que nous reverrons :

Black	→	black**eu**	→	*keubla*
flic	→	flik**eu**	→	*keufli*
mec	→	mek**eu**	→	*keumé*
sac	→	sak**eu**	→	*keussa*
shit	→	shit**eu**	→	*teuchi*
sœur	→	sœur**eu**	→	*reusseu*

Les verlans *keubla, keufli, keumé, keussa, teuchi, reusseu* sont bien attestés. Mais plus nombreuses sont les formes verlanisées que l'on ne rencontre pas et qu'il convient de supposer : c'est ainsi que l'on rend compte d'un type de troncation propre au français le plus contemporain. Il est à la fois abondant (nous disposons de cent quarante exemples ; il s'en crée chaque jour) et original ; après avoir décrit le verlan « classique », il est temps de s'y consacrer.

BIENVENUE AU *VERLE*

L'histoire du verlan, méthode de chiffrement et de reconnaissance communautaire, est dialectique. Sa diffusion dans le grand public le délégitime au sein du groupe dont il est issu, le mettant en veille jusqu'au prochain essor. À la fin des années 1980, alors que la langue ordinaire adopte des mots de verlan, les jeunes des banlieues le délaissent. Il fait retour cependant, depuis quelques années ; l'atteste le pseudonyme *Stromae* (issu de *maestro*) du chanteur belge Paul Van Haver ; le confirme une néologie qui se répand sous nos yeux, ou plutôt à nos oreilles. Pour communiquer et afficher leur entente, les jeunes « des cités » ont trouvé mieux que le verlan de leurs aînés : un procédé existant (*keuf* est attesté dès 1978), isolé pour ne pas dire marginal, auquel ils donnent soudain la plus grande ampleur. Si tout le monde est *chébran*, alors ils seront *chebs*.

Il est un lien naturel entre l'apocope et le verlan. Ce dernier se fonde sur un découpage intuitif qui isole l'initiale du mot ; la seconde partie de ce dernier, quant à elle, disparaît dans l'apocope, est antéposée dans le verlan. La seule différence notable réside dans l'extension du segment initial découpé : l'apoc retient la première syllabe et la consonne qui suit, le verlan seulement la première syllabe (il est donc de l'ordre de l'apo) ; prenons l'exemple du mot *pétard* (« cigarette de haschisch ») :

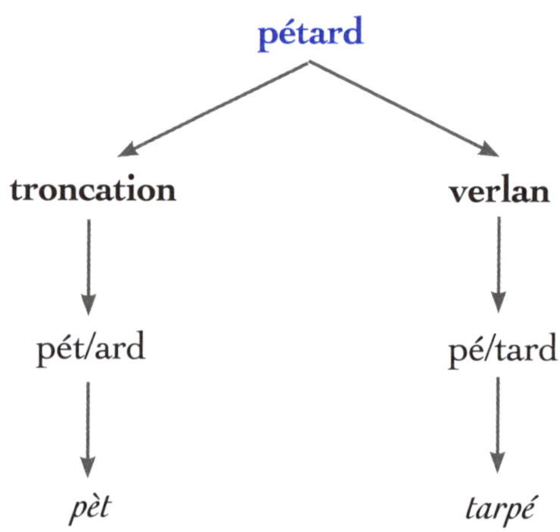

Le verlan passe par la découpe initiale du mot ; il n'est donc pas étonnant que des utilisateurs aient pensé à scinder de nouveau la structure verlanisée : qu'une troncation s'ajoute au verlan est dans l'ordre des choses. Dès la fin des années 1970, un tel processus est repérable :

flic (1)

→ [ajout d'un *eu* final]	flikeu
→ [verlan]	keufli
→ [apoc]	*keuf*

Le mot *keuf* eut la fortune que l'on sait (il entre en 1997 dans le *Petit Larousse*). Signe avant-coureur, il anticipe l'abrègement général du verlan qui empreint la langue des jeunes de banlieue. C'est en somme un verlan nouveau, doté d'une procédure supplémentaire (la réduction). Selon notre habitude d'appliquer la procédure à son nom, nous parlerons de *verl'* (apoc de *verlan*), et suivant notre coutume graphique, nous écrirons *verle* : bienvenue au *verle*.

L'effet de ce dernier vaut qu'on l'observe. Il constitue, tout d'abord, une nouvelle étape d'un processus déjà engagé : des mots de verlan bien attestés adoptent une variante tronquée. Pour reprendre une des listes fournies plus haut (monosyllabes terminés par une consonne), il nous suffit d'ajouter une colonne à droite :

Black	→	blackeu	→	keubla	→	*keub*
flic	→	flikeu	→	keufli	→	*keuf*
mec	→	mekeu	→	keumé	→	*keum*
sac	→	sakeu	→	keussa	→	*keuss*
shit	→	shiteu	→	teuchi	→	*teuch*
sœur	→	sœureu	→	reusseu	→	*reuss*

Les troncats en verle *keub, keuf, keum, keuss, teuch, reusss* ont succédé, dans cette variété du français, aux verlans *keubla, keufli, keumé, keussa, teuchi, reusseu*. Il s'agit bien de succession : que l'on prenne garde aux dates d'apparition des formes :

jobard → [verlan] barjot (1957) → [verle] *barje* (1968)

femme → [verlan] meufa (1975) → [verle] *meuf* (1981)

Il est avéré de même que, en l'espace de quelques années, *ksita*, issu de *taxi*, a précédé *ksit, teushi* (shit) est antérieur à *teuch, teupu* (pute) a devancé *teup*.

Mais le plus souvent, dans l'usage actuel, seule la variante tronquée se rencontre : aucun verlan attesté ne préexiste. Ce qui indique la puissance, et pour nous l'intérêt du phénomène : le *verle*, cette espèce nouvelle de verlan, est véritablement à l'œuvre dans le parler des jeunes, engendrant des formes inédites.

Nous sommes en présence d'une manipulation linguistique intégrée, qui comporte une phase de verlan, laquelle est transitoire et ne produit pas de résultat concret, servant seulement de base à la troncation finale. Un linguiste parlerait de forme *reconstruite*, qu'il convient en bonne logique de présumer si l'on veut expliquer un terme attesté. La démarche est courante en linguistique historique : par exemple, le mot français *août* ne peut venir, phonétiquement, du latin classique *augustum* ; il doit être issu d'un bas latin **agustum*[1], réduction que l'on ne trouve dans aucun texte, mais qu'il est cohérent de conjecturer. De même, la seule façon pertinente d'expliquer la genèse d'un mot comme *beuj*, signifiant « jambe », est d'admettre une telle formation :

1. Selon la notation habituelle en linguistique historique, les formes intermédiaires non attestées (reconstruites) sont précédées d'un astérisque.

jambe

→	[ajout d'un *eu* final]	jambeu
→	[verlan]	*beujan
→	[apoc]	*beuj*

Certes, le verlan *beujan* est sans exemple ; mais il n'est pas d'autre interprétation satisfaisante. Cela concerne, en fait, la grande majorité de ces néologismes : ils furent créés directement.

Qu'il s'agisse d'une manipulation linguistique générale se voit par la diversité de ses matériaux. Adoptant différentes perspectives, nous dirons que le verle concerne :

– Des **mots d'origine étrangère** :

anglais : string	→	*gueustri	→	*gueus*
anglais : tag	→	*gueuta	→	*gueute*
kabyle : tissit (« boisson »)	→	*zeti	→	*tise* (« alcool »)
romani : vago (« voiture »)	→	*gova	→	*gov*

– Des **gentilés** et **noms ethniques** :

Africain	→	*cainafri	→	*cainf*
Chinois	→	noichi	→	*noich*
Français	→	céfran	→	*cèf*
Français d'origine arabe	→	*beuara	→	*beur*[1]

1. Avec écrasement : *beuara → beuar → *beur*.

Juif	→	feujui	→	*feuj*
Gitan	→	*tanji	→	*tanj*
Toubab (« Blanc »)	→	babtou	→	*bab*
Tunisien	→	*zientuni	→	*zient*[1]

– Des **adjectifs** :

bizarre	→	zarbi	→	*zarb*
cher	→	*reuché	→	*reuch*
dégueulasse	→	*lasdégueu	→	*lasdèg*
discret	→	scredi	→	*scred*
louche	→	cheulou	→	*cheul*
maigre	→	greumé	→	*greum*
moche	→	chémo	→	*chem*
musclé	→	*sclému	→	*scleum*
noir	→	reunoi	→	*reune*
vieux	→	*yeuvi	→	*yeuve*

– Des **verbes** (généralement invariables) :

chier	→	*iéchi	→	*ièch*
dire	→	*reudi	→	*reud*

1. On relève également l'apoc simple : Tunisien → *tune*.

embarquer	→	*québarem	→	*québar*
fumer	→	*méfu	→	*mèf*
gonfler	→	*flégon	→	*flègue*
(se faire) jeter	→	*téjeu	→	*tèj*
niquer	→	quéni	→	*ken*
payer	→	*yépé	→	*yèp*
pisser	→	sépi	→	*sèpe*

S'engendre ainsi un parler représentatif des faits et gestes, ainsi que des valeurs, de ceux qui le produisent et s'y reconnaissent. Des thématiques se dessinent :

– La **famille** :

cousin	→	zinkou	→	*zink*
cousine	→	zinekou	→	*zine*
famille	→	millefa	→	*mif*
frangin	→	*ginfran	→	*ginfre*
frère	→	reufré	→	*reuf*
mère	→	reumé	→	*reum*
parents	→	*rempas	→	*remps*
père	→	*reupé	→	*reup*
sœur	→	*reusseu	→	*reuss*

– La **vie quotidienne** :

bière	→	*reubié	→	*reub*
blouson	→	*zomblou	→	*zomb*
bombe (aérosol)	→	*beubon	→	*beub*
bouteille	→	teillebou	→	*teille*
charbon (« travail »)	→	*bonchar	→	*bonch*[1]
cité	→	téci	→	*tess*
disque	→	*squeudi	→	*squeud*
fête	→	teufé	→	*teuf*
flic	→	*keufli	→	*keuf*
métro	→	tromé	→	*trom*
musique	→	*zicmu	→	*zic*[2]
quartier	→	tiékar	→	*tiek*[3]
racaille	→	caillera	→	*caille*
sac (« dix euros »)	→	*keussa	→	*keuss*
taxi	→	ksita	→	*ksit*
voiture	→	turevoi	→	*turve*

1. La vieille expression des « gueules noires » *aller au charbon* (« partir pour le travail ») vient de trouver une nouvelle jeunesse dans les cités : *aller au bonch*.

2. Comme pour cousine → *zine*, bouteille → *teille*, on peut penser, pour musique → *zic*, à une aphérèse. Il en est de même pour pétasse → taspé → *tasse*. Les deux procédés ont même résultat : l'aphérèse abandonne le segment initial du mot, le verle supprime ce segment, déplacé à la finale.

3. De *tiek*, on a dérivé, par suffixation postiche, *tieks* et *tiekson*.

– Le **sexe** et la **drogue** :

bite	→	*teubi	→	*teub*
came (« drogue »)[1]	→	*meuca	→	*meuque*
chatte (« sexe féminin »)	→	teucha	→	*teuch*
couilles	→	yeucou	→	*yeuks*
fesse	→	*seufé	→	*seuf*
feuille (à rouler)	→	*yeufeu	→	*yeuf*
gramme (de drogue)	→	*meugra	→	*meug*[2]
maquereau	→	*kroma	→	*krom*[3]
putain	→	tainpu	→	*tainp*
pute	→	teupu	→	*teup*
shit	→	teuchi	→	*teuch*
sida	→	*dassi	→	*dass*[4]

Cette variété de français présente donc un copieux lexique ; mais c'est sa grammaire qui va être l'objet de toute notre attention.

1. Le mot *came* est lui-même issu par troncation de *camelote*.

2. *Meug*, dont la finale consonantique est isolée, se prononce désormais [meuge].

3. Comme abréviation de *maquereau*, *krom* est en passe (c'est le cas de le dire) de se substituer à *mac*.

4. Les locuteurs distinguent soigneusement **le** *dass* (sida) et **la** DASS (direction départementale des Affaires sanitaires et sociales).

APOTHÉOSE DU VERLE

Comme procédé néologique, le verle nous inspire trois réflexions. Tout d'abord, il tronque – en l'occurrence, du verlan. Or, à cette fin, il suit sans exception la procédure consonantique : maintien de la première syllabe, fermée par la consonne qui suit. Pour reprendre le dernier exemple cité, *teuchi* est abrégé en *teuch*, pas en *teu*. Innovation des plus contemporaines, le verle signe le triomphe définitif de l'apoc sur l'apo.

Ensuite, nous avons vu plus haut que la troncation consonantique avait pour effet (ou pour finalité) de produire des mots brefs pourvus d'une consonne finale. Le verle en est un éclatant pourvoyeur, engendrant des rafales de monosyllabes d'une aridité quasi minérale :

– *ken, ker, keub, keuch, keuf, keul, keum, keuss, keut* tronquent respectivement : *niquer, rocker, Black, chèque, flic, look, mec, sac, truc*.

– *reub, reuch, reud, reuf, reum, reune, reuss* abrègent : *bière, cher, dire, frère, mère, Noir, sœur*.

– *teub, teuch, teuf, teup* se substituent à : *bite, chatte* et *shit, fête, pute*.

On peut gloser sur ce parler qui rapproche formellement les organes sexuels masculin et féminin, le cannabis, la fête, la prostituée. Mais seule la morphologie nous intéresse ici : l'innovation verlienne, à l'évidence, se conforme à un gabarit lexical du type C V C, nouvelle norme du français contemporain. Nous en avons pour preuve l'apparente exception du mot *herbe* (au sens de « chanvre indien »). Il a pour verlan (attesté) *beuhère* qui, faute de consonne interne (*h* ne se prononçant pas), est tronqué par apo en *beu*(*h*). Cette dernière forme est attestée : « Il mèf grave de la *beuh*. » Toutefois, l'abréviation actuelle la plus courante est *beuz*, avec un suffixe postiche dont la fonction est transparente : il met le troncat au format. Que *beuz* soit désormais le mot de base est prouvé par la nouvelle verlanisation qu'il subit : dans les cités, on parle aujourd'hui de *zeub*.

herbe

→ [verlan]	beuhère
→ [apo]	beu
→ [suffixation]	beuz
→ [verlan]	*zeub*

Ce qui nous amène à notre remarque principale : le verle est cyclique. Articulant verlan et apocope, il se prête à la réduplication des procédés, dès lors qu'un terme échappe au groupe social, pour se voir adopter par la langue commune. On le manipule de nouveau, pour l'obscurcir, ou tout simplement afin d'avoir une abréviation à soi.

Une nouvelle verlanisation peut s'appliquer. C'est ce qui est arrivé à *beur*, mot devenu familier (il est entré dans le *Petit Larousse* dès 1996) : dans les « quartiers », on dit maintenant *rebeu*, verlan ayant bénéficié du soutien de la voyelle *eu* finale :

– beur → beureu → *rebeu*.

Il en est de même pour *keuf,* issu de *flic,* d'usage général (*Petit Larousse,* 1997), devenu *feukeu* :

flic (2)

→ [ajout d'un *eu* final]	flikeu
→ [verlan]	keufli
→ [apoc]	keuf
→ [ajout d'un *eu* final]	keufeu
→ [verlan]	*feukeu*

Il ne serait pas étonnant que, dans les années (les mois ?) qui viennent, on entende *reb* et *feuk*.

Car le cycle se poursuit. La langue donne alors toute sa mesure, enchaînant les procédures, tronquant tour à tour et inversant, dans une effervescence ludique dont la fécondité et la rigueur ne laissent pas d'impressionner. De cette apothéose du verle, nous avons de splendides exemples.

– Le mot composé *cas social*. Familièrement abrégé par apoc en *cas soc'*, il subit une verlanisation, puis une nouvelle troncation. Les jeunes locuteurs se traitent aimablement de *sosk* :

cas social

→ [apoc]	cas soc'
→ [verlan]	soska
→ [apoc]	*sosk*

– Plus encore, le mot *fesse*. Nous avons vu que, prononcé [fesseu], il avait donné *seufé* par verlanisation, puis *seuf* par apoc ; il entre dans un nouveau processus, qui aboutit à *feuss*. La genèse en est saisissante : elle fait alterner deux verlanisations, deux apocs, sans compter l'adjonction d'une voyelle finale. Un régal pour un linguiste...

fesse

→ [ajout d'un *eu* final]	fesseu
→ [verlan]	seufé
→ [apoc]	seuf
→ [ajout d'un *eu* final]	seufeu
→ [verlan]	feusseu
→ [apoc]	*feuss*

– Il en est de même avec le mot *juif*, manipulé pour des raisons sans doute peu avouables. Dès lors qu'une forme abrégée devient commune et transparente, il importe de l'obscurcir, afin de continuer à parler (défavorablement) des Juifs sans les nommer. Nous avons vu la formation « classique » : juif → feujui → *feuj*. Elle se poursuit logiquement, donnant lieu à un nouveau cycle :

juif

→ [ajout d'un *eu* final]	juifeu
→ [verlan]	feujui
→ [apoc]	feuj

→ [ajout d'un *eu* final] feujeu

→ [verlan] jeufeu

→ [apoc] *jeuf*

Il n'a pas échappé à la sagace lectrice, au clairvoyant lecteur, qu'après deux verlanisations et deux troncations, *juif* aboutit à *jeuf*. C'est-à-dire à une forme presque semblable, présentant une simple alternance vocalique.

– Le fait se manifeste plus évidemment encore avec le verlan tronqué sans doute le plus répandu dans la langue courante (*Petit Larousse*, 1996) : *meuf*, issu de *femme*. À ce titre, il fut promptement remanié, afin d'en accroître le chiffrement, la connivence, l'originalité. Nous retrouvons le double cycle déjà vu :

femme

→ [prononciation du *e* final] femmeu

→ [verlan] meufa

→ [apoc] meuf

→ [ajout d'un *eu* final] meufeu

→ [verlan] feumeu

→ [apoc] *feum*

Meuf devient *feum* ; c'est-à-dire qu'au total la langue est passée de *femme* à *feum*. Un phonéticien dirait qu'une voyelle d'avant fut légèrement fermée et labialisée : [a] → [eu] ; c'est peu de chose, en vérité. Tout est dans la variante infime, et la suite d'opérations dont elle résulte :

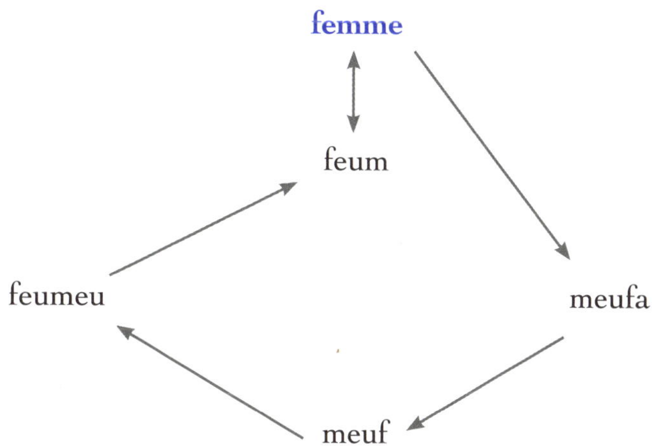

Les dégourdis qui ont inventé le verle ont redécouvert le principe de *La Lettre volée* d'Edgar Allan Poe : la dissimulation parfaite s'opère à la vue de tous. S'insérant dans une tradition qu'ils ont enrichie, ils ont mis au point une méthode rigoureuse, productive et reproductive, d'une rare fécondité : elle engendre un parler communautaire, provisoire sans doute, mais complet. Surtout, ils ont montré leur dextérité à découper et permuter les syllabes, distinguer les consonnes, alterner les ouvertures de voyelles, faisant preuve d'un sens de la langue qui ferait verdir d'envie plus d'un Académicien.

EXERCICES

1. Faites entrer le verle chez les *keufs* !

– Tout d'abord, en proposant des formes de verlan tronqué pour ces mots du lexique des policiers : *deux tons* (« sirène »), *gomme* (« matraque »), *pinces* (« menottes »), *taulier* (« commissaire »).

– Ensuite, en faisant de même pour ces troncats relevés dans leur lexique : *Crim'* (« Brigade criminelle »), *flag* (« flagrant délit »), *soum* (« sous-marin, camionnette de planque »), *Stups* (« brigade des Stupéfiants »).

2. Marcel Proust fait la *teuf*.

On connaît le début d'*À la recherche du temps perdu* : « *Longtemps*, je me suis *couché* de *bonne heure*. *Parfois*, à peine ma *bougie* éteinte, mes *yeux* se *fermaient* si *vite* que je n'avais pas le temps de me *dire* : "Je *m'endors*." »

On peut en donner une version en apocs simples : « Lont je me suis couch de bonn'. » Etc.

L'apoc de verlan est également possible. Récrire ce texte deux fois :

– tout d'abord, en remplaçant les mots en italique par leur verlan tronqué (exemple : longtemps → tenlon → *tenl*) ;

– ensuite, en soumettant les formes obtenues à un nouveau cycle de verlanisation et troncation (exemple : tenl → tenleu → leuten → *leut*).

....

....

....

....

....

→ **Soluces pp. 168-169**

L'universelle TRONCATION

L'impression la plus forte que donne la troncation (consonantique) contemporaine est son universalité. L'*apoc*, comme nous l'avons nommée, s'applique aux noms comme aux verbes, aux locutions comme aux anglicismes, aux sigles comme aux patronymes : ce phénomène étreint la langue tout entière. C'est pourquoi nous n'en avons pas rédigé le dictionnaire, mais le manuel. Il est plus fécond d'en comprendre les règles et procédures, puis de s'y exercer : on participera ensuite, si on le souhaite, à ce vaste essor néologique.

L'universalité est également sociale. À *Courch* et à *Bob*, que l'on soit *bourge* ou *loub*, on tronque. Le principe de l'abrègement lexical est communément partagé. Certes, une sociologie de la troncation selon les milieux, l'habitat, les générations reste à écrire ; elle excède notre étude, qui en a fourni, chemin faisant, des matériaux. Dans les beaux quartiers, il est élégant d'abréger les prénoms et certains patronymes ; dans les cités, on s'attache au verlan ; les jeunes cadres tronquent le vocabulaire quotidien du travail et des loisirs ; les adolescents sectionnent les locutions. Tous, en fait, obéissent aux mêmes lois.

LA BRIÈVETÉ CONNIVENTE

Dans cet ouvrage, nous nous sommes beaucoup occupé de mécanique. Cela tenait au goût de l'auteur pour les rouages (on pratique la linguistique faute de pouvoir démonter les pendules) ; cela venait aussi de sa conviction, dans une fidélité à Raymond Queneau, que le « néo-français » n'est pas une décadence, qu'il présente « des richesses et des subtilités qui n'ont rien de barbare » (*Bâtons, chiffres et lettres*). Une singulière rigueur ayant été démontrée dans l'apparent désordre, il n'est pas sans intérêt d'examiner à quoi servent tous ces mécanismes.

Deux raisons nous semblent commander cette ferveur abrégeante.

La première tient à la troncation en général, dont l'apoc est la variété hégémonique actuelle. Pourquoi réduit-on les mots ? Par économie sans doute, selon une tendance des locuteurs, dans toutes les langues, à suivre la loi du moindre effort ; parler, c'est d'abord une question musculaire. Mais la troncation qui nous intéresse, celle que la langue française effectue depuis le XIXe siècle, a pour motivation première une intention tout autre : on tronque afin de rester entre soi. Parler tronqué est un phénomène de groupe, le troncat est une frontière.

À l'intérieur, l'abrègement a toutes les fonctions communautaires. Il inclut : rappelons que ce signe de reconnaissance fut attesté d'abord chez les bagnards, les truands, les polytechniciens, les écoliers. Il facilite les échanges : pour évoquer ce que l'on partage usuellement, une ou deux syllabes suffisent. La troncation est par excellence un langage de métier ; chaque profession a le sien. Il est des lexiques tronqués exemplaires, anciens comme celui de l'éducation, productifs comme la langue des policiers :

came ; casse ; confronte ; constate ; convoc ; Crim ; Divise ; effrac ; être d'interv ; exhib ; Fluv ; gratif ; identif ; immat ; indic ; interpelle ; lieut ; mun' ; mute ; pav ; perm ; perquise ; prélim ; proc ; protec ; récup ; rens ; soum ; Stups ; tech ; tox ; transac ; vérif.

Il en est de plus surprenants ; un ami ayant réalisé, pour vivre, des films pornographiques, a enrichi notre corpus de quelques troncats techniques usuels : *éjac', fell, flagell', gode,* etc. Ce qui nous conduit à la dernière fonction interne de l'apoc : banaliser. Qui tronque « ne se prend pas la tête ». Par nécessité parfois : pensons aux troncats du personnel hospitalier, confronté à la souffrance et à la mort ; ils joignent à l'efficacité pratique la distance protectrice du lexique particulier. Mais le plus souvent, la troncation affiche la familiarité sans façon des « pros », des habitués, des familiers, de l'entre-soi. De ceux qui ne se paient pas de mots en les abrégeant : la troncation arbore la connivence.

À l'extérieur, l'abrègement éloigne, invalide, exclut. Il a toujours à voir avec la confidentialité : sa fonction de cryptage, ancienne, est toujours active. En témoigne le recyclage permanent (suffixation, verlanisation, surtroncation) auquel certains troncats sont soumis, dès lors que leur diffusion en amène la transparence. L'obscurcissement du mot tronqué protège ; et pas seulement les hors-la-loi. Langage de métiers, la troncation tient à distance celui qui n'en est pas. La raison peut en être estimable : on sait combien l'abrègement du lexique médical défend le médecin de l'angoisse du patient. Réduire en vient à protéger le locuteur du risque d'incivilité : c'est le rôle de la troncation euphémisante (*nomd'unch, tiroc, trouduc*), dont les *je m'en baslec, ça faiche* de nos ados représentent (ils seraient étonnés de l'apprendre) la civilité la plus récente.

Que la troncation borne et agrège entraîne deux conséquences. La première est paradoxale : l'universalité de ce phénomène passe par sa vocation à particulariser. Universelle est la tendance à fragmenter la langue, des plus naturelles la capacité de chaque locuteur à naviguer dans les écosystèmes linguistiques qui lui sont propres. Ce que confirme la contextualisation, inhérente à la pratique de l'abrègement. Réduits à une ou deux syllabes, les troncats se ressemblent : l'homonymie est leur point faible. On la rencontre dans l'ensemble du corpus, qu'il s'agisse d'un substantif (*mat* : cinq heures du *mat*, congé *mat*, ranger le *mat*, les *maths* ; *conf* pour *conférence*, *confiance*, *configuration* ; *perf* pour *performance*, *perfusion*, *perfecto* ; la palme : *comm* pour *commandant*, *commentaire*, *commerce*, *commercialisation*, *commission*, *communication*) ; qu'il s'agisse d'un adjectif (*dèf* pour *définitif* et *défoncé* ; *trans* pour *transcendant* et *transsexuel*) ou d'un verlan tronqué (*reup* est issu de *père* et de *peur* ; *yèp* de *payer* et de *pied*) ; etc. Mais cette équivoque n'a, dans les faits, aucune nocivité, dès lors que le troncat s'emploie toujours en contexte restreint. La directive « monte la cam ! » est sans ambiguïté, que l'on se trouve dans un studio de télévision ou au terme d'un go fast. L'abrègement est de l'ordre de l'intime, qui le suscite et en permet l'exercice. On parle tronqué entre soi. Ce phénomène majeur du français contemporain a pour effet une parcellisation de la langue, sa dispersion, pour ne pas dire sa communautarisation. Les générations, les groupes sociaux, les métiers deviennent linguistiquement étanches ; cela donne à réfléchir.

La seconde conséquence ne contredit pas la précédente, si l'on songe au flamboyant individualisme contemporain. La troncation est le triomphe du locuteur. User d'un troncat implique une intention (écarter ou s'affilier), un discernement (repérer l'écosystème linguiste pertinent), un savoir (en maîtriser le lexique), voire une dextérité (notamment en cas de néologie personnelle ou de verlan tronqué). C'est à nos yeux un des secteurs de la langue où le locuteur est le plus actif, le plus présent dans son énoncé. Je tronque parce que je suis. On notera que la troncation est le royaume de l'hapax, unicité néologique, éphémère souvent : dans le film *Razzia sur la chnouf* d'Henri Decoin (dialogues d'Auguste Le Breton), on entend Jean Gabin demander, à propos d'une fumerie d'opium : « Alors, elle est où, cette *fume* ? » ; fugitive apoc... L'énonciateur, maîtrisant la grammaire de la réduction lexicale, la pratique avec une spontanéité personnelle, insouciante et libre ; la jeune Agrippine de Claire Bretécher enchaîne d'allègres et juvéniles hapax : substantifs (un *chôme*, une *encyclope*, le *clit*, la *range*, la *mange*), verbes (plutôt *creuve !*), adverbes (*pourqu'* ?), locutions (plus rien à me *griffer sur leque*). On saisit ensuite le lien naturel de l'abrègement et du jeu (nous avons croisé bien des troncats ludiques) : l'apocope est une néologie souriante. On conçoit enfin l'intérêt que certains écrivains portent au procédé, qui vient servir leur liberté créatrice. Dans *Blanche ou l'Oubli*, Aragon cite des abrègements bien connus (*formid*, *manif*, *Saint-Trop*, etc.). Mais que penser de *Léompe* (pour Léon-Paul Fargue), de *Rimb* (pour Rimbaud), de *L'Éduc centime* (pour *L'Éducation sentimentale*), de la *fac' d'Ors'* (pour faculté d'Orsay : cette double apocope est inusitée) ? Aragon badine ; ailleurs, la réduction procède du rythme lyrique :

> « Les phrases défaites comme des chevelures, les syntaxes brisées, la chanson morte, kaléidoscope des cris, douleurs comme un pain partagées, apocalypse dans une goutte d'eau... tout n'est qu'une bout' à la m', casse-la que s'en échappent des paroles connues » (*Blanche ou l'Oubli*).

Le troncat se prend à l'écriture, qui rêve sur sa graphie :

> « J'ai dit *bout' à la m'*... et parfois l'écriture en varie à ce lieu de passage où la conscience se forme en prenant air de langage. Orthographe même, variable d'ailleurs, *boute-à-l'âme* comme d'un vieux mot français pour la solitude des marins,

> peut-être un parler de boucanier ; ou bien c'est encore d'un seul mot *boutalame*, où la mer peut-être le cède à la lame qui apporte cette boot-à-lame bilingue, une chaussure à éperon » (*ibidem*).

La troncation manifeste la souveraineté langagière de l'artiste, néologie joueuse, « mentir vrai », comme dit Aragon du roman, langue authentique d'avoir été inventée.

De nos jours, c'est le rap qui parle tronqué :

> « J'roule avec des p'tites *feujs* / Des splendeurs aux fines *beujs* / Des types *keusses* / Des menteurs, des vendeurs de dix *meuges* » (Despo Rutti, *J'roule avec*).

> « On va plus en classe, nous on veut des *tasses* / Frère, il n'y a qu'un O entre l'audace et le *dass* » (La Fouine, *Bienvenue dans le 78*).

> « Salam aux Robert *denireufs*[1], aux *meufs* de *tess*, car vous êtes mes petites *reuss* » (Seth Gueko, *Shalom, salam, salut*).

Les rappeurs trouvent dans la troncation un trait majeur de la langue qui leur est appartenance et matériau, dans le troncat la forme brève et sèche que requiert la syncope. Mais c'est d'apoc (et pas d'apo) que se nourrit le rap, cadence consonantique, exaltation rythmique du français d'aujourd'hui. Il nous faut revenir à la mécanique.

1. Croisement de Robert De Niro et de *reuf*, « frère ».

UN GABARIT FRANÇAIS

La seconde raison de la faveur contemporaine pour l'abrègement lexical est formelle. Elle ne concerne pas, comme la précédente, la troncation en général, mais seulement sa variété dominante, consonantique. L'apoc produit des mots brefs s'achevant sur une consonne, favorise le format lexical C V C, forge ce français qui devient notre français : *allocs*, *annif*, *a pluss*, *appart*, *aprèm*, *assoc'*, *astap*, *à toute*, etc.

On pense évidemment à une influence de l'anglais, pour trois raisons. Cette langue agit fortement sur la nôtre (depuis les années 1950, elle est la première pourvoyeuse d'emprunts : les anglicismes, souvent dénoncés). Elle recèle ensuite (laconisme saxon) de nombreux monosyllabes consonantiques. Enfin, elle pratique la troncation ; et ses troncats, saxonisme oblige, sont des apocs. Pression anglophone, donc ? Observons que des troncats anciens comme *coke*, *deb*, *exam*, *fan*, etc., ou récents comme *antivax*, *e-cig*, *expat*, *fab*, etc., sont des anglicismes[1]. Si l'on ajoute la vogue du rap, consommateur de mots américains comme de troncats, diffuseur de langue cadencée, fournisseur de monosyllabes percutants, la messe est dite et le procès conclu. La troncation consonantique est le plus récent aspect d'une anglicisation de notre langue, commencée par l'emprunt de termes, poursuivie de façon d'autant plus sévère que la troncation est universelle et qu'elle touche à la nature du mot. Pour le français c'est, si l'on ose dire, *rappé*.

Laissant à d'autres la déploration, l'auteur, qui fréquente par métier les douze siècles de notre idiome, se permettra une autre hypothèse : l'influence anglaise, indéniable, vient rejoindre un

1. Il nous semble révélateur que, pour abréger le mot *laboratoire*, l'apoc anglaise *lab* (voir *fablab*) concurrence depuis peu l'apo traditionnelle *labo*.

changement profond. Dans notre ouvrage *Une langue orpheline* (éditions de Minuit, 2007), nous avancions la thèse suivante : le français, la moins latine (du fait de sa germanisation) des langues romanes, n'a cessé de compenser sa perte de latinité. Par suite, une entreprise d'auto-édification est l'un des fils rouges de son histoire : depuis la fin du Moyen Âge, cette langue se donne le prestige d'un latin. Les illustrations en sont nombreuses : l'institutionnalisation éminente de cette langue (officialité, Académie française, politique de soutien, etc.) ; l'orthographe choisie par cette Académie au XVIIe siècle comme affiliation latine, lettre de noblesse, stabilité étymologisante, et à laquelle on voue un culte ; la dualité du vocabulaire. Insistons sur cette dernière.

L'influence germanique sur le gallo-romain fut d'abord phonétique : le fort accent francique, amplifiant ce qui était accentué dans le mot gallo-latin, eut un effet d'érosion sur le reste, faisant disparaître les voyelles faibles (finales ou internes), laissant les consonnes finales à nu. Le passage du latin au français, via le gallo-romain, puis le gallo-roman germanisé, s'accompagne d'une forte réduction des éléments du lexique. Les exemples en sont innombrables. Ainsi, l'adjectif latin *delicatus*, ayant subi des transformations phonétiques successives, devint l'adjectif médiéval *delgié* (XIIe siècle) : la filiation est méconnaissable. Mais cet éloignement de l'étymon, propre au français, lui donne une capacité qui lui est également particulière : pratiquer l'emprunt latin par calque. Au XVe siècle, on forma sur le latin l'adjectif *délicat*. Cette reprise de l'étymon latin est une allégeance, une monumentalisation de la langue, l'anoblissement d'un idiome orphelin de latinité. Le processus ne va pas s'arrêter. Dès la fin du Moyen Âge, on copie des termes techniques ou abstraits, produisant un lexique différent du vocabulaire ancien. S'opère une scission qui va affecter durablement le lexique français. Car, au rebours de *delgié* promptement éliminé par *délicat*, bien des termes médiévaux ont survécu, avec leur signification et leur emploi. Dans son ensemble, le vocabulaire actuel oppose le fonds ancien (issu de l'évolution phonétique) et le fonds moderne (calqué), le lexique courant et le vocable légitime :

Latin	Lexique ancien (évolution phonétique)	Lexique moderne (calque)
advocatus	avoué	avocat
capitalem	cheptel	capital
fragilis	frêle	fragile
integer	entier	intègre
liberare	livrer	libérer
ministerium	métier	ministère

La dérivation (préfixes et suffixes) s'est jointe à la latinisation, rendant plus productive encore la mécanique de la néologie savante. À partir de la Renaissance, pour bien des raisons et de bien des manières, la langue française acquiert de l'ampleur.

Notre idiome, en ces débuts (l'ancien français des XIIe et XIIIe siècles), était une langue grêle :

Li ber ert sire del mont.

Le baron était seigneur de la montagne.

La littérature ne s'y est pas trompée qui, pour sa production romanesque, usait de l'octosyllabe. L'œuvre d'un Chrétien de Troyes, dont le rayonnement européen fut immense, avance au pas menu des vers de huit syllabes ; elle a pour lexique les pierres du chemin, usées par les siècles ; elle dit l'amour et la vaillance, l'aventure et le Graal dans la concision de l'échange quotidien.

Et si le français était désormais lassé de l'apparat qu'il s'est donné ? Fatigué des mots « longs d'une toise / [qui] tiendraient d'ici jusqu'à Pontoise », comme dit le Petit Jean des *Plaideurs*, de la monumentalisation latine et de l'opulence lexicale ? Ou plutôt : et si la langue populaire, vivante, n'y avait jamais cru ? Faute de documents et d'analyses, on sait peu de choses de la langue du peuple avant l'ère contemporaine, dans la réalité de sa grammaire, dans les dispositions de son lexique ; furent relevées (avec réprobation ou amusement) les seules extravagances ou maladresses, folklorisation du hors norme. L'histoire du français est celle de sa variété légitime. Quelques linguistes ont pris la langue populaire au sérieux ; nous en sommes. La troncation est un bon observatoire.

Les premiers troncats apparurent, rappelons-le, au début du XIXe siècle (bien avant l'anglicisation du français), dans la langue des bagnards et des truands (un milieu peu sensible à l'anglophilie). La pression anglophone comme cause première ainsi écartée, reste la question du cryptage. À nos yeux, elle n'est pas décisive non plus. Les recherches sur la langue du peuple commencèrent par les marges : pour les lexicographes du XIXe siècle qui osèrent sortir des sentiers battus du jardin à la française, le parler populaire, c'était l'argot. On s'intéressa donc aux malfrats. Selon nous, ils employaient à fin de dissimulation un procédé que les chercheurs retrouvèrent ensuite chez les lycéens, les polytechniciens, les internes en médecine, etc., et que l'on rencontre aujourd'hui partout. On use entre soi d'une langue simple et connivente ; le parler revient à l'essentiel : il est bref.

La langue française achèverait-elle sous nos yeux un cycle pluriséculaire ? Certes, le goût d'abréger les mots tient aussi de l'économie, de la brièveté familière, de l'efficacité pro, du ralliement communautaire, de la branchitude anglophile, de l'énonciation ludique. Mais sa raison essentielle est ailleurs. La troncation n'est pas ce massacre à la tronçonneuse pratiqué par les barbares des cités ou la perfide Albion ; elle a sa grammaire et son dessein : reformuler la norme. Nous avons souligné le succès contemporain de l'abrègement consonantique, en y attachant le plus grand prix : l'apoc, dans son expansion, généralise un gabarit lexical, monosyllabique et fermé (C V C), qui n'est pas sans rappeler le format médiéval. Ce dernier fait retour, ou bien ne s'est jamais absenté d'une parlure ingénue, dont seule notre modernité fournit l'écho et à laquelle elle offre toute liberté. Fort d'une dernière audace peu professionnelle, nous affirmons que la troncation n'est pas un phénomène de mode passager, soutenons qu'elle accompagne un reformatage du mot français, prédisons qu'elle va s'installer durablement dans la langue.

Et si nous nous trompons, cette excursion en tronquerie n'aura, pour le moins, pas manqué d'agrément.

Annexes

1. « LE PREM' BOUT DE SON PARDEUSS » : RÉCRIRE QUENEAU

Publié en 1947, *Exercices de style* illustre la maestria de Raymond Queneau, ainsi que les principes de l'*Ouvroir de LIttérature POtentielle,* qu'il fondera quinze ans plus tard en compagnie de François Le Lionnais. Partant d'une anecdote de médiocre intérêt (le narrateur croise dans l'autobus un jeune homme au long cou, curieusement chapeauté, qui a une altercation avec un autre voyageur ; plus tard, il le revoit devant la gare Saint-Lazare, recevant un conseil vestimentaire d'un ami), Queneau s'est fixé la contrainte de raconter l'histoire en adoptant 99 styles différents : il offre des versions usant de litotes, de métaphores, en alexandrins, à l'imparfait, au passé simple, sous forme de sonnet, etc. Nous intéressent celles qui manipulent la langue selon les procédés évoqués dans notre ouvrage : les *exercices* en loucherbem, en javanais, en aphérèses – et, bien sûr, en apocopes. Voici ce dernier :

APOCOPE

« Je mon dans un aut plein de voya. Je remar un jeu hom dont le cou é sembla à ce de la gira et qui por un cha a un ga très. Il se mit en col con un au voya, lui repro de lui mar sur les pi cha fois qu'il mon ou descen du mon. Puis il al s'as car u pla é li.

« Re ri gau, je l'aper qui mar en long et en lar a un a qui lui don des con d'élég en lui mon le pre bou de son pard. »

(Raymond Queneau, *Exercices de style*, in *Œuvres complètes*, tome III, p. 24, coll. « La Pléiade », © Gallimard, 2006.)

Notre appartenance à l'Oulipo devrait nous prémunir d'un sacrilège, que nous allons pourtant commettre aussitôt : traduire ce texte en français non réduit.

> Je montai dans un autobus plein de voyageurs. Je remarquai un jeune homme dont le cou était semblable à celui de la girafe et qui portait un chapeau avec un galon tressé. Il se mit en colère contre un autre voyageur, lui reprochant de lui marcher sur les pieds chaque fois qu'il montait ou descendait du monde. Puis il alla s'asseoir car une place était libre.
>
> Revenant rive gauche, je l'aperçus qui marchait en long et en large avec un ami qui lui donnait des conseils d'élégance en lui montrant le premier bouton de son pardessus.

Cette traduction nous fait voir que Raymond Queneau ne suit guère les règles habituelles de l'apocope. Les troncats qu'il fabrique se classent en trois catégories :

– des apos (apocopes respectant la coupe syllabique) : *mon* (tai), *voya* (geurs), *gira* (fe), *cha* (peau), *ga* (lon), etc. ;

– des apocs (apocopes récupérant la consonne qui suit la coupe) : *aut* (obus), *très* (ssé), *col* (ère), *al* (la), etc. ;

– des formes fantaisistes qui n'ont aucune réalité linguistique : *é* (tait), *ce* (lui), *a* (vec), etc.

Deux apocopes seulement sont attestées, mais rares ; elles se situent à la fin du texte : *pre* (de *premier*, 1830) et *pard* (de *pardeuss*, 1911).

La fonction de « gardien de la langue » que nous exerçons à l'Oulipo est sacrée, tout comme la mémoire de notre fondateur. On comprendra qu'il a été de notre devoir de corriger l'*exercice* quenien, en le récrivant de façon canonique. On le trouvera ci-dessous en apoc, puis en verlan tronqué.

APOC

Je mont dans un autob plein de voyages. Je rem un jeun' dont lec était semb à celui de la gir et qui port un chap av un gal très. Il se mit en col contre un aut voyage, lui rep de lui mar sur lèp chaquèf qu'il mont ou desc dum. Puis il al s'ass car unèpl était lib.

Rev rivègue, je l'ap qui march enl et enl avec un am' qui lui don' des cons d'élèg en lui montre le prem' bout de son pardeuss.

VERLE

Je tèm dans un tob plein de yages. Je marqu un nomj dont le oukz était blass à celui de la rafe et qui taip un poch avec un longue cèt. Il se mit en lerk contre un autre yage, lui proch de lui cherm sur les yèp keuch waf qu'il tèm ou sendre du deum. Puis il lal soirce car une seupl était breul.

Venre veur cheug, je le perç qui cherm en gueul et en jeul avec un miye qui lui nèd des seilk de gance en lui trèm le miyèp tonb de son deussp.

Avouons que « le prem' bout de son pardeuss » est loin de nous déplaire.

2. SOLUCES DES EXOS

L'art de faire court (p. 30)

– Aphérèse : *cycliste, en avant arche !*

– Apocope vocalique : *intello, maso, muscu, synthé.*

– Apocope consonantique : *àtoutal, beauf, clim, manip, mob.*

L'époque est à l'*apoc* (p. 56)

– Référendum

- apo puis apo : *référen* > *réfé.*
- apo puis apoc : *référen* > *rèfèr.*
- apoc puis apoc : *référende* > *réfèr.*

– Concupiscence

- apo puis apo : *concupi* > *concu.*
- apo puis apoc : *concupi* > *concup.*
- apoc puis apoc : *concupis* > *concup.*

Tronquer, de l'oral à l'écrit (p. 88)

1. saute-dessus > *sautedeuss* (le *e* sourd interne se labialise sous l'accent).

2. bédé > *bède* ; cohésion > *cohèse* ; paire de fesses > *pairedeuf.*

3. variation > *variasse, variace* ; *var', vare, var*.

4. Auchan > *Auch'*.

Grammaire de la troncation (p. 124)

1. *La Croix* > *Lac* ; *L'Équipe* > *L'Équ* ; *L'Express* > *L'Exp* ; *Le Figaro* > *Le Fig* ; *Le Monde* > *Leum* ; *Ouest-France* > *Ouest-F* ; *Le Parisien* > *Le Par* ; *Le Point* > *Leup* ; *Télérama* > *Télèr*.

2. *Chef de bur, chef de chante, chef de cline, chef de miss, chef de prod, chef de proj, chef de serv*.

3. *Accuser loc, aller au char, aller dans leum, arracher lag, arrêter lesfr, attendre au tourn*.

4. *Avoir dune, avoir lad, avoir lapat, avoir lap, avoir le feu auc, avoir les jèt, avoir un maldeuch*.

Les *meufs* des *keufs* font la *teuf*, ou le retour du verlan (pp. 147-148)

1. Faites entrer le verle chez les *keufs* !

– Verlan tronqué :

- deux tons > tondeu > *tonde*.
- gomme > meugo > *meugue*.
- pinces > ceupins > *ceupes*.
- taulier > liétau > *lièt*.

– Surtroncation :

- Crim' > meucri > *meucre*.
- flag > geufla > *geufle*.
- soum > meussou > *meuss*.
- Stups > peustus > *peusts*.

2. Marcel Proust fait la *teuf*.

– Verlan tronqué :

Tenl, je me suis *chek* de *neurb*. *Foip*, à peine ma *gibe* éteinte, mes *euz* se *mef* si *teuv* que je n'avais pas le temps de me *reud* : « Je *dorm*. »

– Surtroncation :

Leut, je me suis *keuch* de *beun*. *Peuf*, à peine ma *beuge* éteinte, mes *zeuh* se *feum* si *veut* que je n'avais pas le temps de me *deur* : « Je *meude*. »

BIBLIOGRAPHIE

ANTOINE Fabrice, « Le tour de Paname en 80 apocopés », *Cahiers de lexicologie* n° 62 (1993), pp. 185-200.

ANTOINE Fabrice, « Des mots et des oms. Verlan, troncation et recyclage formel dans l'argot contemporain », *Cahiers de lexicologie* n° 72 (1998), pp. 41-70.

ANTOINE Fabrice, *Dictionnaire français-anglais des mots tronqués*, Peeters, 2000.

CERQUIGLINI Bernard, *Une langue orpheline*, Minuit, 2007.

COLIN Jean-Paul, Jean-Pierre MÉVEL, Christian LECLÈRE, *Dictionnaire de l'argot français et de ses origines*, Larousse, 1990.

COLLECTIF, *Lexik des cités*, Fleuve noir, 2007.

ESNAULT Gaston, *Dictionnaire historique des argots français*, Larousse, 1965.

GEORGE Kenneth E. M., « L'apocope et l'aphérèse en français familier, populaire et argotique », *Français moderne* n° 48 (1980), pp. 16-37.

GROUD Claudette et Nicole SERNA, *De abdom à zoo. Regards sur la troncation en français contemporain*, Didier, 1996.

GUEMRICHE Salah, *Petit Dico à l'usage des darons et des daronnes qui désespèrent de comprendre leurs enfants*, Seuil, 2017.

KJELLMAN Hilding, *Mots abrégés et tendances d'abréviation en français*, université d'Uppsala, 1920.

LE TALLEC Gabrielle, « Le grec ancien et l'argot réconciliés : apocope et resuffixation en [o] en français contemporain », *Revue de sémantique et pragmatique* n° 45 (2019), pp. 34-49.

PIRES Mat, « Leçons de gram'hair : fonctions de l'apostrophe en onomastique commerciale », *Langage et société* n° 91 (2000), pp. 59-86.

RIBEIRO Stéphane, *Dico français-ado*, First, 2016.

TENGOUR Abdelkarim, *Tout l'argot des banlieues*, Éditions de l'Opportun, 2013.

VINCENTI Aurore, *Les Mots du bitume*, Le Robert, 2017.

DU MÊME AUTEUR

La Parole médiévale : Discours, syntaxe, texte, Minuit, coll. « Propositions » (n° 3), 1981.

Éloge de la variante : Histoire critique de la philologie, Seuil, coll. « Des travaux » (n° 8), 1989.

La Naissance du français, Presses universitaires de France, coll. « Que sais-je ? » (n° 2 576), 1991 ; 4e éd. mise à jour, 2016.

L'Accent du souvenir, Minuit, coll. « Paradoxe », 1995.

Le Roman de l'orthographe : Au paradis des mots, avant la faute, 1150-1694, Hatier, coll. « Brèves littérature », 1996.

À travers le Jabberwocky de Lewis Carroll : Onze mots-valises dans huit traductions, Le Castor astral, coll. « L'Iutile », 1997.

La Genèse de l'orthographe française : XIIe-XVIIe *siècles,* Honoré Champion, coll. « Unichamp-Essentiel » (n° 15), 2004.

Une langue orpheline, Minuit, coll. « Paradoxe », 2007.

Merci professeur ! : Chroniques savoureuses sur la langue française, Bayard, 2008.

Les Saillies du dragon, Oulipo, coll. « La Bibliothèque oulipienne » (n° 166), 2008.

Petites Chroniques du français comme on l'aime !, Larousse, 2012.

Une année bien remplie, Oulipo, coll. « La Bibliothèque oulipienne » (n° 198), 2013.

L'Orthographe rectifiée. Le guide pour tout comprendre, Librio/Le Monde, 2016.

Enrichissez-vous : parlez francophone !, Larousse, 2016.

L'Invention de Nithard, Minuit, coll. « Paradoxe », 2018.

Le ministre est enceinte, Seuil, 2018 ; coll. « Points », 2019.

Achevé d'imprimer en France par Pollina Fastline – 2502
Dépôt légal : octobre 2019 – 323758/01
N° de projet : 11041203 – septembre 2019